CENTROS DE PODER

UNA GUÍA PARA CONOCER TUS RITMOS ENERGÉTICOS, ARMONIZAR Y EQUILIBRAR LOS CHAKRAS

MARIA GALLO

ELIVIUN

CENTROS DE PODER

Una guía para conocer tus ritmos energéticos, armonizar y equilibrar los chakras.

22 DE AUGUST DE 2024

MARIA GALLO
ELIVIUN

CENTROS DE PODER

Una guía para conocer tus ritmos energéticos, armonizar y equilibrar los chakras.

Primera edición digital: 2024

ISBN: 9798335430517

Chakras, centros de poder, espiritualidad, meditación, tarot terapéutico, bienestar holístico.

Autor: Maria Gallo

Editor: Sandra Gallo

Editorial: Tarot de Jade

Hecho en estados unidos

2024

Dedicatoria

A mi mamá Rubiela, mi faro de amor y sabiduría, y a mis hermanas Silvia, Sandra y Ravdalai, mi matriarcado, mi fuente inagotable de apoyo, fuerza y motivación. Gracias por ser mi centro de poder, sabiduría ancestral y mi inspiración constante.

A mis amigas Deisy, Iahjgh, Avlashivr, quienes han sido mi familia elegida, mis hermanas de corazón y mi coven. Con ustedes he tejido historias, aprendizajes y lazos indestructibles. Gracias por sostenerme, motivarme, enseñarme y abrazarme en cada momento de la vida. su lealtad a ustedes mismas, a sus principios y a nuestra hermandad es un regalo invaluable. Con ustedes he encontrado el camino correcto cuando me he desviado, y juntas hemos construido un vínculo que trasciende el tiempo y el espacio.

Con profunda admiración, gratitud y amor, este libro es por ustedes, por sus enseñanzas y sabiduría ancestral que me han inspirado a explorar, aprender y conectar con lo espiritual. Gracias por ayudarme a reconocer mi propia oscuridad para que pueda encontrar y compartir mi luz.

Eliviun

CONTENIDO

PRÓLOGO

Soy María Isabel Gallo y desde siempre me ha fascinado todo lo relacionado con la medicina holística y el yoga. A lo largo de los años, he explorado diversas prácticas y disciplinas que me han permitido conectar profundamente con mi ser interior y con las energías que nos rodean. En 2018, realicé dos niveles de Reiki, una experiencia que me abrió las puertas a un universo de sanación y equilibrio energético. Mi viaje no se detuvo allí; participé en procesos de sanación como biodanza, ceremonias "homa" de purificación con el fuego, temazcales, sanación con plantas medicinales, aromaterapia y cristales, entre muchas otras.

El viaje de escribir este libro, "Los Centros de Poder: Una Guía para Conocer tus Ritmos Energéticos, Armonizar y Equilibrar los Chakras", comenzó en 2019. Inicialmente concebido como una cartilla instructiva, pronto me di cuenta de que merecía ser transformado y expandido. Detecté algunos errores y sentí la necesidad de profundizar en cada uno de los temas que tocaba, lo que finalmente me llevó a crear esta, mi primera obra literaria, que hoy presento al mundo con gran entusiasmo y esperanza.

"Los Centros de Poder" es una guía detallada sobre los chakras, esos centros de energía que influyen en nuestra salud física, emocional y espiritual. En este libro, he reunido conocimientos esenciales y prácticas que te ayudarán a comprender y equilibrar tus chakras. A través de sus páginas, explorarás las características principales de cada chakra, aprenderás técnicas para su activación y equilibrio, y descubrirás cómo estos centros de poder se relacionan con el tarot, proporcionando una visión holística y profunda de tu ser.

Además, he incluido un capítulo especial en el que te guiaré a través de un ritual de armonización de los chakras. Este ritual combina diversas técnicas de sanación que he aprendido y practicado a lo largo de los años, ofreciendo una herramienta poderosa para tu bienestar integral.

Este libro no es solo una compilación de información, sino una invitación a emprender un viaje de autoconocimiento y sanación. Espero que "Los Centros de Poder" te inspire y te ayude a encontrar el equilibrio y la armonía en tu vida. Que cada palabra y cada práctica te acerquen más a tu verdadero ser y a la energía divina que reside en ti.

Con gratitud y amor,

**María Isabel Gallo
(Eliviun)**

INTRODUCCION

Bienvenidos a "Los Centros de Poder: Una Guía para Conocer tus Ritmos Energéticos, Armonizar y Equilibrar los Chakras". En estas páginas, exploraremos juntos un universo fascinante y profundamente transformador: los chakras, esos centros de energía que influyen en todos los aspectos de nuestra vida física, emocional y espiritual.

Desde tiempos inmemoriales, diversas culturas y tradiciones han reconocido la importancia de los chakras como puntos vitales de energía en nuestro cuerpo. En este libro, no solo nos sumergiremos en la comprensión de qué son y cómo funcionan estos centros energéticos, sino que también aprenderemos prácticas y técnicas para activar, equilibrar y armonizar cada uno de ellos.

Mi propio viaje con los chakras comenzó como un despertar personal hacia la sanación holística. A lo largo de los años, he explorado y practicado una variedad de métodos, desde el Reiki hasta la aromaterapia, pasando por ceremonias antiguas y meditaciones profundas. Cada experiencia ha enriquecido mi comprensión de la conexión íntima entre cuerpo, mente y espíritu, y me ha inspirado a compartir este conocimiento con ustedes.

En este libro, encontrarán no solo teoría, sino también prácticas concretas. Desde ejercicios de visualización hasta rituales de sanación, cada herramienta está diseñada para ayudarles a cultivar un mayor equilibrio energético y una conciencia más profunda de su ser interior.

Es mi sincero deseo que "Los Centros de Poder" les sirva como una guía práctica e inspiradora en su propio camino de autodescubrimiento y crecimiento espiritual. Que encuentren en estas páginas no solo conocimiento, sino también la semilla de transformación y la llave hacia una vida más plena y armoniosa.

CAPITULO 1
¿QUÉ SON LOS CHAKRAS?

Los Chakras, conocidos con el nombre "la llave de la vida", son puntos energéticos de nuestro cuerpo que, interconectados entre sí, proporcionan nuestro equilibrio cuerpo-mente y el flujo de prana o energía.

El termino Chakra viene de la india y significa rueda, y en sánscrito significa "rueda que gira". se usa para denominar los centros energéticos que están dispuestos en el eje vertical de nuestro cuerpo lo que implica su característica de estar en constante movimiento, nada está arriba y nada esta abajo, la rueda o circulo designa el disco solar en honor al dios vishnu.

Estos centros energéticos son los responsables del flujo energético en el cuerpo.

Tienen como función principal absorber la energía universal, asimilarla, alimentar nuestra aura y finalmente, emitir energía al exterior.

Cada uno de estos centros energéticos trata una temática especifica la cual se relaciona con nuestro organismo y con nuestra personalidad

Estos chakras "ruedas" son vórtices (remolinos) esféricos en el cuerpo eterico que actúan como transmisores de energía, tienen influencia en nuestra actividad en el plano físico, a través del funcionamiento de las glándulas endocrinas, las cuales son las responsables de segregar hormonas

CENTROS DE PODER

UNA GUÍA PARA CONOCER TUS RITMOS
ENERGÉTICOS, ARMONIZAR Y EQUILIBRAR
LOS CHAKRAS

MARIA GALLO

ELIVIUN

CENTROS DE PODER

Una guía para conocer tus ritmos energéticos, armonizar y equilibrar los chakras.

22 DE AUGUST DE 2024

MARIA GALLO
ELIVIUN

CENTROS DE PODER

Una guía para conocer tus ritmos energéticos,
armonizar y equilibrar los chakras.

Primera edición digital: 2024

ISBN: 9798335430517

Chakras, centros de poder, espiritualidad,
meditación, tarot terapéutico, bienestar holístico.

Autor: Maria Gallo

Editor: Sandra Gallo

Editorial: Tarot de Jade

Hecho en estados unidos

2024

Dedicatoria

A mi mamá Rubiela, mi faro de amor y sabiduría, y a mis hermanas Silvia, Sandra y Ravdalai, mi matriarcado, mi fuente inagotable de apoyo, fuerza y motivación. Gracias por ser mi centro de poder, sabiduría ancestral y mi inspiración constante.

A mis amigas Deisy, Iahjgh, Avlashivr, quienes han sido mi familia elegida, mis hermanas de corazón y mi coven. Con ustedes he tejido historias, aprendizajes y lazos indestructibles. Gracias por sostenerme, motivarme, enseñarme y abrazarme en cada momento de la vida. su lealtad a ustedes mismas, a sus principios y a nuestra hermandad es un regalo invaluable. Con ustedes he encontrado el camino correcto cuando me he desviado, y juntas hemos construido un vínculo que trasciende el tiempo y el espacio.

Con profunda admiración, gratitud y amor, este libro es por ustedes, por sus enseñanzas y sabiduría ancestral que me han inspirado a explorar, aprender y conectar con lo espiritual. Gracias por ayudarme a reconocer mi propia oscuridad para que pueda encontrar y compartir mi luz.

Eliviun

CONTENIDO

PRÓLOGO

Soy María Isabel Gallo y desde siempre me ha fascinado todo lo relacionado con la medicina holística y el yoga. A lo largo de los años, he explorado diversas prácticas y disciplinas que me han permitido conectar profundamente con mi ser interior y con las energías que nos rodean. En 2018, realicé dos niveles de Reiki, una experiencia que me abrió las puertas a un universo de sanación y equilibrio energético. Mi viaje no se detuvo allí; participé en procesos de sanación como biodanza, ceremonias "homa" de purificación con el fuego, temazcales, sanación con plantas medicinales, aromaterapia y cristales, entre muchas otras.

El viaje de escribir este libro, "Los Centros de Poder: Una Guía para Conocer tus Ritmos Energéticos, Armonizar y Equilibrar los Chakras", comenzó en 2019. Inicialmente concebido como una cartilla instructiva, pronto me di cuenta de que merecía ser transformado y expandido. Detecté algunos errores y sentí la necesidad de profundizar en cada uno de los temas que tocaba, lo que finalmente me llevó a crear esta, mi primera obra literaria, que hoy presento al mundo con gran entusiasmo y esperanza.

"Los Centros de Poder" es una guía detallada sobre los chakras, esos centros de energía que influyen en nuestra salud física, emocional y espiritual. En este libro, he reunido conocimientos esenciales y prácticas que te ayudarán a comprender y equilibrar tus chakras. A través de sus páginas, explorarás las características principales de cada chakra, aprenderás técnicas para su activación y equilibrio, y descubrirás cómo estos centros de poder se relacionan con el tarot, proporcionando una visión holística y profunda de tu ser.

Además, he incluido un capítulo especial en el que te guiaré a través de un ritual de armonización de los chakras. Este ritual combina diversas técnicas de sanación que he aprendido y practicado a lo largo de los años, ofreciendo una herramienta poderosa para tu bienestar integral.

Este libro no es solo una compilación de información, sino una invitación a emprender un viaje de autoconocimiento y sanación. Espero que "Los Centros de Poder" te inspire y te ayude a encontrar el equilibrio y la armonía en tu vida. Que cada palabra y cada práctica te acerquen más a tu verdadero ser y a la energía divina que reside en ti.

Con gratitud y amor,

María Isabel Gallo
(Eliviun)

INTRODUCCION

Bienvenidos a "Los Centros de Poder: Una Guía para Conocer tus Ritmos Energéticos, Armonizar y Equilibrar los Chakras". En estas páginas, exploraremos juntos un universo fascinante y profundamente transformador: los chakras, esos centros de energía que influyen en todos los aspectos de nuestra vida física, emocional y espiritual.

Desde tiempos inmemoriales, diversas culturas y tradiciones han reconocido la importancia de los chakras como puntos vitales de energía en nuestro cuerpo. En este libro, no solo nos sumergiremos en la comprensión de qué son y cómo funcionan estos centros energéticos, sino que también aprenderemos prácticas y técnicas para activar, equilibrar y armonizar cada uno de ellos.

Mi propio viaje con los chakras comenzó como un despertar personal hacia la sanación holística. A lo largo de los años, he explorado y practicado una variedad de métodos, desde el Reiki hasta la aromaterapia, pasando por ceremonias antiguas y meditaciones profundas. Cada experiencia ha enriquecido mi comprensión de la conexión íntima entre cuerpo, mente y espíritu, y me ha inspirado a compartir este conocimiento con ustedes.

En este libro, encontrarán no solo teoría, sino también prácticas concretas. Desde ejercicios de visualización hasta rituales de sanación, cada herramienta está diseñada para ayudarles a cultivar un mayor equilibrio energético y una conciencia más profunda de su ser interior.

Es mi sincero deseo que "Los Centros de Poder" les sirva como una guía práctica e inspiradora en su propio camino de autodescubrimiento y crecimiento espiritual. Que encuentren en estas páginas no solo conocimiento, sino también la semilla de transformación y la llave hacia una vida más plena y armoniosa.

CAPITULO 1
¿QUÉ SON LOS CHAKRAS?

Los Chakras, conocidos con el nombre "la llave de la vida", son puntos energéticos de nuestro cuerpo que, interconectados entre sí, proporcionan nuestro equilibrio cuerpo-mente y el flujo de prana o energía.

El termino Chakra viene de la india y significa rueda, y en sánscrito significa "rueda que gira". se usa para denominar los centros energéticos que están dispuestos en el eje vertical de nuestro cuerpo lo que implica su característica de estar en constante movimiento, nada está arriba y nada esta abajo, la rueda o circulo designa el disco solar en honor al dios vishnu.

Estos centros energéticos son los responsables del flujo energético en el cuerpo.

Tienen como función principal absorber la energía universal, asimilarla, alimentar nuestra aura y finalmente, emitir energía al exterior.

Cada uno de estos centros energéticos trata una temática especifica la cual se relaciona con nuestro organismo y con nuestra personalidad

Estos chakras "ruedas" son vórtices (remolinos) esféricos en el cuerpo eterico que actúan como transmisores de energía, tienen influencia en nuestra actividad en el plano físico, a través del funcionamiento de las glándulas endocrinas, las cuales son las responsables de segregar hormonas que regulan nuestro funcionamiento corporal, el balance mental y la integridad emocional. Un ejemplo de esta glándula es la tiroides.

Dependiendo del uso que le damos a estos vórtices, estarán equilibrados o en desequilibrio generando energías constructivas o discordantes con nuestro cuerpo holístico (entiéndase holístico como un todo: mente, cuerpo, espíritu).

Hay cientos de chakras repartidos por todo el cuerpo (físico y sutil), aunque generalmente se acepta que son 7 los más importantes y que se alinean a través de la columna vertebral, cada uno de estos 7 chakras este asociado a una parte del cuerpo y una glándula, por lo que sí están bien balanceados tendremos buena salud. La buena salud y el correcto flujo de energía también aporta una estabilidad física y claridad mental lo que beneficia a nuestra vida espiritual.

¿PARA QUE EXISTEN LOS CHAKRAS?

Los chakras son concentraciones energéticas en el cuerpo
La función de estos centros energéticos es la acumulación y la distribución de la energía del universo, tanto en el cuerpo eterico como en el astral, como una función de mediación entre plano inmaterial y el cuerpo físico.
Son un canal de energía natural que nos ayuda a potenciarnos y a desarrollar todas nuestras capacidades, habilidades y destrezas, estas lagunas de energía están a lo largo de la columna vertebral, desde la coronilla en la cabeza hasta el coxis.

La columna vertebral como eje y centro de éste, es la vía principal por la cual fluye nuestra energía, desde la morada de la Kundalini en el Chakra raíz la cual haciende por un camino espiral de dos canales sutiles llamados Nadis es un ascenso con dos vías: Ida y Píngala, los cuales mueven la energía desde el Chakra raíz, pasando por el Chakra sacro, el Chakra del plexo solar, el del corazón, el de la comunicación, el del tercer ojo hasta llegar al Chakra de la corona.

Están representados por siete colores, y cada uno de estos se encuentra relacionado con aspectos espirituales. La palabra Chakra significa "circulo" o "disco" y se identifican con un símbolo y una flor de loto.

SISTEMA DE CHAKRAS

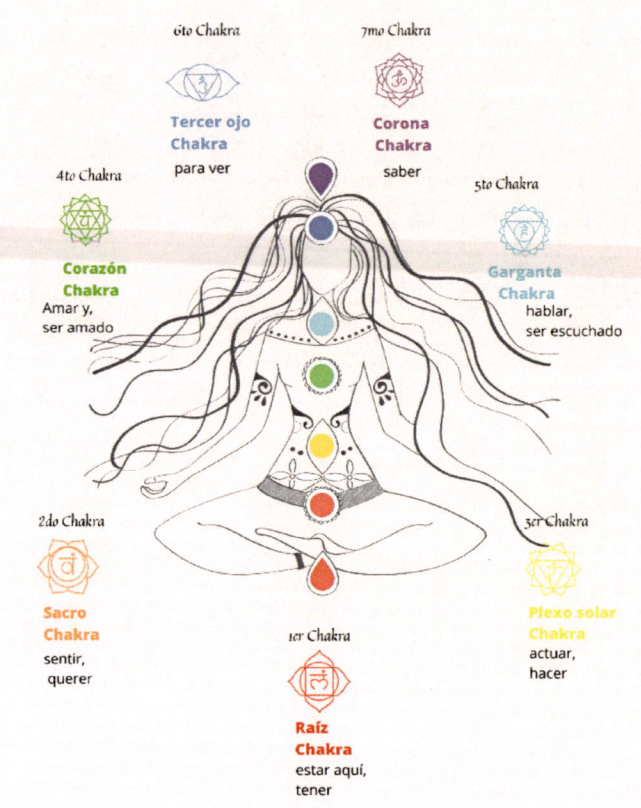

6to Chakra

Tercer ojo Chakra
para ver

7mo Chakra

Corona Chakra
saber

4to Chakra

Corazón Chakra
Amar y,
ser amado

5to Chakra

Garganta Chakra
hablar,
ser escuchado

2do Chakra

Sacro Chakra
sentir,
querer

3er Chakra

Plexo solar Chakra
actuar,
hacer

1er Chakra

Raíz Chakra
estar aquí,
tener

CAPITULO 2
PRIMER CENTRO DE PODER CHAKRA RAÍZ (MULADHARA)

Chakra Raíz (Muladhara)

Muladhara es el primer centro de poder, y en este círculo energético o chakra raíz está asociado con la seguridad, la supervivencia, nuestros cimientos, nuestros hábitos y la propia aceptación.

Se ve representado por el color rojo intenso el rojo sangre, lleva como elemento la tierra. Está ubicado al final de la columna vertebral, en el centro conocido como perineo, entre el ano y los órganos sexuales, se relaciona con los órganos de depuración y eliminación.

Se le conoce como el chakra raíz, ya que regula la fuerza que existe entre la conexión del cuerpo y la mente. De igual manera establece la vinculación del individuo con la madre tierra y su objetivo es la búsqueda de salud y el equilibrio mental.

El chakra Raíz se encuentra en la base de la espina dorsal, se sitúa entre los genitales y el ano. Está asociado a nuestro cuerpo, nuestra salud, la seguridad y el instinto, y el sentido de la supervivencia, también se relaciona con lo material y el poder económico. muy relacionado a nuestro cuerpo y como lo manejamos.

Está relacionado con las habilidades del mundo físico y material. Representa la habilidad de levantarnos y de tener seguridad en nosotros mismos. Cuando este chakra se encuentra desequilibrado lo manifiesta a través de dolores en la baja espalda y en el nervio ciático, anemia y cansancio, depresión. El motivo es que este chakra está conectado con la columna, las glándulas suprarrenales y el aparato digestivo en su parte inferior.

Es donde se encuentra la energía más primaria, nuestra necesidad de supervivencia y seguridad en sus aspectos más básicos como nuestra integridad física, nuestra familia (nuestro clan) o nuestra seguridad financiera. Está asociado a la sensación de arraigo, estabilidad, familia, supervivencia y dinero.

Es de color rojo y su símbolo está formado por una flor de loto de cuatro pétalos. Su elemento es la tierra.

Este centro de poder se relaciona con el reino de los hábitos, el comportamiento automático, acá se reponen los patrones instintivos, los recursos que manejamos para vivir.

La función de eliminación y depuración aplica a los aspectos físicos, mentales y emocionales.

Representa el pilar de la vida, la energía sexual, los instintos y brinda vitalidad y fuerza al cuerpo físico, rige la glándula suprarrenal que afecta a los riñones, sangre, columna vertebral, colon, piernas, pies y huesos.

Cuando se encuentra en equilibrio nos sentimos conectados con la realidad, centrados, seguros, leales, estables y nuestras funciones de eliminación trabajan adecuadamente, además somos dadores y sostenedores de la vida, nos nutrimos a nosotros mismos y a los demás, cuidamos nuestro cuerpo y confiamos en la abundancia.

En cambio, si este chakra está en desequilibrio existe miedo, inseguridad y sentimos la vida como una carga. A un nivel físico el desequilibrio se manifiesta en una constitución débil, problemas de eliminación y se reduce la resistencia mental y física.

Este centro energético nos conecta con la alegría y el deseo de vivir, con la plenitud, con los disfrutes de los aspectos materiales de la existencia.

¿Por qué es importante este centro energético?

El chakra raíz, ubicado en la base de la columna vertebral, es el fundamento de nuestra energía vital y estabilidad emocional. Es crucial para nuestra sensación de seguridad y arraigo en el mundo físico. Un chakra raíz equilibrado nos permite sentirnos seguros, protegidos y con los pies en la tierra. Nos ayuda a manejar el estrés y las adversidades con fortaleza y resistencia. Sin un chakra raíz saludable, nos podemos sentir desconectados, inseguros y con miedo, lo que dificulta nuestra capacidad de prosperar en la vida cotidiana.

CARACTERÍSTICAS PRINCIPALES

CHAKRA RAÍZ O BASE: Es el Chakra de la supervivencia e instintos.

Color asociado	Rojo.
Nombre en sanscrito	Muladhara.
Mantra	LAM.
Nota musical	Do.
Mantras de los pétalos	Vam, Sham, Sam, Sam
Ubicación	Base de la Columba o espina dorsal – en el coxis o perineo, entre el ano y los órganos sexuales. Está abierto hacia abajo y representa la unión del humano con la tierra.
Función	Supervivencia e instinto: Se encarga de la supervivencia del

mundo físico.

Se relaciona con todo lo material, nuestra energía física y nuestro deseo de vivir en el mundo físico sintiéndonos seguros y a salvo.

A nivel del cuerpo tiene la función de regular la temperatura y la circulación.

Controla las glándulas suprarrenales, intestino, columna vertebral, cabellos, uñas, salida del esperma, inconsciente y cuerpo físico. Es la morada de Kundalini, la energía vital, en forma de serpiente enroscada.

Se encarga de la supervivencia en el mundo físico.

Se relaciona con todo lo material, nuestra energía física y nuestro deseo de vivir en el mundo físico. Sintiéndonos seguros y a salvo.

Fuerzas Positivas	Estabilizadoras, aterrizadas.
Afirmación larga	"Pertenezco a la tierra, me nutro y me cuido"
Afirmación corta	"Yo tengo"

Significado	Supervivencia, el derecho a existir. Relacionado con las habilidades del mundo físico y material. Habilidad de levantarte por ti mismo y seguridad de ti mismo.
Síntomas del desequilibrio	Anemia, fatiga, dolor en la espalda baja, nervio ciático, depresión, fríos frecuentes o manos y pies fríos.
Estimulantes	Ejercicio físico y sueños descansaderos, jardinería y agricultura. Bebidas y alimentos rojos, gemas rojas, ropas rojas y baños en aguas rojas, etc. uso de aceites rojos como Ylang Ylang o sándalo.
Glándula	Suprarrenal.
Hormona	Adrenalina, cortisona.
Órganos	Riñones, huesos, dientes, intestino grueso, ano y recto.
Sentido	Olfato.

Aromas	Pino, Cedro, Pachuli, Lavanda.
Piedras	Granate, hematites o sanguinaria, coral rojo, Agatha negra, cuarzo ahumado, jaspe, jaspe rojo, obsidiana y rubí.
Elemento	Tierra.
Astrología	Saturno.
Metal	Plomo, hierro.
Yantra	Loto amarillo de cuatro pétalos, con un triángulo rojo invertido dentro de cuadrado.
Deidad	Bala Brahma. Ganesh.

Alimentos	Proteínas, frutas y verduras rojas.
Cuando está en equilibrio	Vivimos con decisión y confiando en la vida. Tenemos independencia y somos capaces de proporcionarnos todo lo necesario para vivir con las necesidades cubiertas.
Cuando está en desequilibrio	Hay miedo a no tener lo básico, desconfianza en la vida. Pueden darse algunas de estas actitudes: miedo existencial a la muerte, impaciencia, dependencia, agresión, materialismo, apego y culpa entre otros.

Mulhadara

MANTRA CENTRAL: LAM

Yantra: Loto amarillo de cuatro de pétalos, con un triangulo rojo invertido dentro de cuadrado.
Mantras de los petalos: Van, Sham, Sam, Sam.
Color: Rojo intenso.

- **Acción física:** Sexualidad.
- **Acción mental:** Estabilidad.
- **Acción emocional:** Alegría.
- **Accion interna:** Seguridad.

Piedras: Agatha negra, coral rojo, Granate, cuarzo ahumado, jaspe rojo, obsidiana y rubí.

Elemento: Tierra.

Astrología: Marte.

Metal: Hierro, plomo.

Localización: Base de la espina dorsal, entre el ano y los genitales.

Glándula: Suprarrenal

Hormona: Adrenalina, cortisona.

Sentido: Olfato

Función: Controla las glándulas suprarrenales, intestino, columna vertebral, cabello, uñas, salida del esperma, inconsciente y cuerpo fisico, es la morada de kundalini, la energia vital en forma de serpiente enroscada.

Fuerzas positivas:
Estabilizadoras, creativas, aterrizadas.
Deidad: Bala Brahma. Ganesh.
Nota musical: DO

Aromas: pino, cedro, patchuli, lavanda, jazmin, sandalo, clavo y rosa

AFIRMACIONES

- Siento amor en abundancia
- Yo confio en la vida, la vida cuida de mí
- La madre tierra me acoge, me cobija, me da seguridad
- Confio en mis instintos
- Yo estoy aquí, soy presencia divina.

¿CÓMO ARMONIZAR ESTE PRIMER CHAKRA?

El chakra raíz es el chakra que nos conecta con la tierra y con nuestros sentimientos de seguridad, de tener todo lo necesario para subsistir en esta existencia terrestre, por así decirlo es nuestro soporte desde el cual nos lanzamos al mundo.

Este primer centro energético llamado Muladhara que literalmente significa Raíz, está representado por un loto rojo de cuatro pétalos, se encuentra situado en la base de la columna vertebral, exactamente en el perineo.

Su arquetipo es la madre tierra y el tema central de su activación es la supervivencia consciente en este plano material.

El primer chakra, Muladhara está relacionado con el Yo soy, con nuestra seguridad.

¿CÓMO SABER CUANDO ESTA EQUILIBRADO?

Cuando Muladhara esta equilibrado se siente una sensación de estabilidad, confianza emocional y física. Hay un gran deseo de querer progresar y superar todos los obstáculos que se presenten, así mismo hay una gran sensación de vitalidad y abundancia, de estar en el lugar correcto, en el momento preciso.

En la parte física, el sistema inmunológico está funcionando perfectamente, así como los sistemas de excreción del cuerpo, hay bastante vitalidad y la actividad de piernas y pies es correcta.

Sensación de calma y estabilidad, abundancia, bienestar.

¿QUÉ SUCEDE CUANDO ESTA DESEQUILIBRADO?

Cuando Muladhara está desequilibrado hay inseguridad, desconfianza, el miedo invade muchos aspectos de la vida y hay un gran deseo de aferrarse a lo desconocido, negando la evolución, por lo que es muy posible que haya un estancamiento en el pasado.

Cuando este chakra está bloqueado hay baja autoestima, sentimientos de desamparo y escasez, como si nunca hubiera el sustento necesario para estar bien.

En la parte física, hay falta de vitalidad, cansancio, anemia, hipotensión, estreñimiento, problemas del nervio ciático y dolor en las piernas y pies.

Miedo (pero no un miedo cualquiera, sino un miedo animal, de supervivencia, instintivo), falta de confianza, problemas económicos, mala autoimagen.

IDEAS PARA EQUILIBRAR MULHADARA

- Escuchar música tribal o que contenga sonido de tambores.
- Bailar ritmos primitivos o haciendo saltos que estimulen la zona de influencia.
- Para la activación de este chakra, es necesario tener un contacto con la naturaleza por lo que es recomendable dar un paseo por el parque, ir de campamento o visitar sitios llenos de

vegetación para respirar aire puro. Sentar en el suelo, descalzos para poder sentir así toda la energía que emanan esos sitios. El fin que persigue esto es relajarse y lograr la meditación.

- Realizar diversas actividades que ayuden con la vitalidad, el sentido de pertenencia corporal y la eliminación del miedo.
- Entrar en contacto con la naturaleza para encontrar la conciencia de que tenemos las mismas raíces y así equilibrar nuestro sentido de pertenencia a la conciencia universal.
- Usar cristales como: ágata negra, coral rojo, cuarzo ahumado, granate, jaspe rojo y obsidiana.
- Usar aromas como: jazmín, sándalo, clavo, rosa, y olores maderables en general que ayudan a equilibrar este chakra.
- Incluir en la dieta bastantes alimentos que crezcan debajo de la tierra, que sean de color rojo
- El mantra para abrir este chakra es "LAM", y físicamente se conecta con aparato digestivo inferior, columna vertebral y glándulas suprarrenales.
- Meditar o repetir el sonido primario de este chakra: LAM (si se puede visualizar su flor de loto, mucho mejor).
- Ejercitar a través del yoga las zonas de influencia de este chakra: piernas, pies, glúteos, isquiones, esfínter y ano.
- Vestir ropas de color rojo.
- Repetir las afirmaciones de este chakra:
  1. Siento amor en abundancia.

2. Yo confió en la vida, la vida confía en mí.
3. La madre tierra me acoge, me cobija, me da seguridad.
4. Confío en mis instintos.
5. Yo estoy aquí, soy presencia divina.

CAPITULO 3
SEGUNDO CENTRO DE PODER CHAKRA SACRAL (SEXUAL) (SVADHISTHANA)

Chakra sacral (sexual) (Svadhisthana):

Svadhisthana es el segundo centro de poder se llama así por su ubicación en el área sacral, siendo el segundo de los siete Chakras. Este círculo energético o chakra está asociado con la emoción, la creatividad, el deseo, el sentir, el deseo de crear y la energía sexual, su elemento es el agua. Su color simbólico es el naranja y representa la parte creativa, la expresión libre de la sexualidad, la sensibilidad y la fertilidad.

Este chakra tiene por objetivo conectar al cuerpo con el Universo buscando estimular esa liberación interior. Como el elemento es el agua, activa todo lo que fluye y a su vez va purificado y logrando un estado de absoluta calma.

Está ubicado en los órganos sexuales y se relaciona con estos órganos y con las glándulas reproductivas, además de la vejiga y los riñones.

El mantra para este chakra es "VAM" y físicamente está ligado al sistema urinario, gónadas, bazo, ovarios, próstata y testículos.

Es de color naranja y su símbolo está formado por una flor de loto de seis pétalos. Su elemento es el agua.

Está relacionado a nuestra habilidad de sentir y a aspectos relacionados con los sentimientos y las sensaciones. Representa nuestra habilidad en aspectos sociales e íntimos. Cuando este chakra se encuentra en desequilibrio lo manifiesta a través de desórdenes alimenticios, dolores en la baja espalda, asma y alergias, depresión, cándida, infecciones vaginales, problemas urinarios, problemas relacionados con aspectos sexuales como por ejemplo la impotencia y frigidez. El motivo es que este chakra está conectado con los ovarios, la próstata y los testículos, las gónadas, el sistema urinario y el bazo.

Este círculo energético habla del deseo, la pasión, la dualidad, las polaridades, el movimiento, el cambio, el agua no tiene una forma definida, así como los sentimientos no son fijos.

Para lograr su equilibrio se recomienda tomar baños aromáticos calientes, masajes, ingerir alimentos y bebidas color naranja, utilizar piedras o gemas color naranja, así como aceites e inciensos de dicho color (ej. Melissa o Naranja).

Durante la realización de meditación podemos repetir el mantra "vam".

¿Por qué es importante este centro energético?

Situado en la región inferior del abdomen, el chakra sacro es el centro de nuestras emociones, creatividad y placer. Este chakra es vital para nuestra capacidad de disfrutar la vida y conectarnos emocionalmente con los demás. Cuando está equilibrado, experimentamos una mayor creatividad, pasión y capacidad de disfrutar las relaciones y los placeres sensoriales. Un desequilibrio puede llevar a problemas emocionales, bloqueos creativos y dificultades en las relaciones interpersonales.

CARACTERÍSTICAS PRINCIPALES

CHAKRA SACRAL O SEXUAL: Es el chakra del disfrute.

Color asociado	Naranja.
Nombre en sanscrito	Svadhisthana.
Mantra central	VAM.
Nota musical	Re.
Mantras de los pétalos	Bam, Bham, Mam, Yam, Ram, Lam.
Ubicación	El hueso sacro, localizado en la

	región púbica, entre la quinta vértebra lumbar y el hueso sacro.
Función	Ejerce influencia sobre todo aquello que es líquido: regula la digestión, el sistema urinario; influye, junto al primer chakra, en la esfera sexual; controla gónadas, ovarios, útero, próstata, testículos, vejiga. Procesa nuestra relación con los demás y la energía exterior como es el poder, el sexo, el dinero. Está también relacionado con la fertilidad puesto que conecta con nuestro útero y ovarios. Relacionado con la creatividad, la energía sexual, los sentimientos, la intuición; donde se encuentran las emociones.
Fuerzas Positivas	Limpieza y movimiento de corrientes.
Afirmación larga	"Disfruto de mi realidad."
Afirmación corta	"Yo disfruto"
Significado	Disfrute: Es el chakra de la reproducción y tiene que ver con el disfrute con la vida, la creatividad desde la emoción, el placer, la belleza, las relaciones con otros y la

	apertura hacia cosas nuevas. Sentimientos: el derecho a sentir está conectado a nuestra habilidad de sentir y aspectos relacionados a los sentimientos y sensaciones. Habilidad en aspectos sociales e íntimos.
Síntomas del desequilibrio	Sobre emocional, celos, posesividad, problemas de lumbares, problemas de vejiga, irregularidades con la menstruación, problemas de reproducción e infertilidad.
Estimulantes	Actividades que estimulen la creatividad, la sexualidad, las emociones y el placer. Cristales y piedras como la cornalina, coral, ámbar, cuarzo naranja, aromaterapia como los aceites esenciales de jazmín y naranja. Alimentos cómo zanahorias, calabazas, mangos, y especias como canela. Yoga con énfasis en posturas que abren y estiran la región de la pelvis y las caderas (postura mariposa, postura gato-vaca y postura del niño). Danza y movimiento fluido, thai chi, conexión con el agua.

Glándula	Glándulas sexuales y reproductivas (Ovarios, testículos, próstata), Vejiga y riñones.
Hormona	Testosterona, progesterona, estrógeno
Órganos	Sexuales y vejiga.
Sentido	Gusto
Aromas	Sándalo, Alcanfor, Ámbar gris, Romero, Rosa jazmín, naranja, ylang-ylang
Piedras	Carneola, coral, carnelita, amatista, aguamarina, piedra luna, cuarzo rosa, selenita, coralina naranja, topacio, calcita naranja.
Elemento	Agua.
Astrología	Júpiter.
Metal	Estaño, cobre.

Yantra	 Loto blanco de seis pétalos con medialuna colorada dentro de círculo.
Deidad	Vishnu
Alimentos	Líquidos, frutas y verduras anaranjados.
Cuando está en equilibrio	Se disfruta la vida y sus placeres. Se aprecia la belleza y se es creativo. Se es el soberano de tu vida, haciendo lo que quieres respetando a los demás.
Cuando está en desequilibrio	No se disfruta la vida y de sus placeres. Se crea la figura del "mártir".

Svadisthana

MANTRA CENTRAL: VAM - MAM

Yantra: Loto blanco de seis pétalos con media luna colorada dentro de círculo.

Mantras de los petalos: Am, Bham, Mam, Yam, Ram, Iam.

Color: Naranja.

- **Acción física:** Reproducción.
- **Acción mental:** Creatividad.
- **Acción emocional:** Sensualidad.
- **Acción interna:** Entusiasmo.

Deidad: Vishnu.

Nota musical: Re.

Piedras: Karneol, coral, carnelita, cornalina, piedra sol.

Elemento: Agua.

Astrología: Jupiter.

Metal: Estaño, cobre.

Función: Regula la digestión, el sistema urinario; influye, junto al primer chakra, en la esfera sexual; controla gónadas, ovarios, útero, próstata, testículos, vejiga.

Fuerzas positivas: Limpieza y movimiento de corrientes.

Localizacion: Región púbica, entre la quinta vértebra lumbar y el hueso sacro.

Glándulas: Reproductivas, vejiga y riñones.

Hormona: Testosterona, progesterona, estrógeno

Sentido: gusto.

Aromas: Sandalo, vainilla y almendra amarga, Alcanfor, Ambar gris, Romero, Rosa jazmín, naranja, ylang-ylang.

AFIRMACIONES

- Mi luz interior guía mis emociones y sentimientos
- Yo soy poder creativo
- Yo me entrego al curso de la vida y confío
- Me siento segura al relacionarme con los demás
- Confío en las sensaciones de mi cuerpo

¿CÓMO ARMONIZAR ESTE SEGUNDO CHAKRA?

El chakra sacro nos conecta con el placer de vivir, con nuestra capacidad de concebir ideas y proyectos, también está asociado a uno de los aspectos más sagrados de nuestro cuerpo: la sexualidad y como la abordamos.

Es el segundo centro energético llamado Svadhisthana, literalmente significa dulzura, está representado por un loto naranja brillante de 6 pétalos, ubicado en los genitales, su arquetipo es eros y el tema central de su activación es la emotividad y la sexualidad consciente.

El segundo chakra, Svadhisthana está relacionado con el Yo siento y con nuestra capacidad de crear.

¿COMO SABER CUANDO ESTA EQUILIBRADO?

Cuando esta equilibrado hay una gran sintonía con el sentir, las emociones, hay estabilidad emocional y una buena percepción de nosotros mismos, también hay mucha creatividad que se expresa de forma concreta haciendo que confiemos en nuestro centro vital, hay una gran conexión con la vida y somos capaces de ver todo lo bueno que hay a nuestro alrededor.

En la parte física somos capaces de escuchar a nuestro cuerpo, se mantienen relaciones sexuales sanas y sin tabúes y en general todo el cuerpo está lleno de vida y alegría.

¿QUÉ SUCEDE CUANDO ESTÁ DESEQUILIBRADO?

Cuando Svadhisthana este desequilibrado hay ansiedad, irritabilidad, mucha inestabilidad emocional, se tiende a caer en acciones negativas como: excesos con la comida, el sexo, las drogas, el alcohol, también se experimenta un fuerte desequilibrio entre la emoción y el hacer. Desequilibrio: Sobre emocional, celos, posesividad.

En la parte física hay cistitis, endometriosis, adenomiosis, problemas de lumbares, problemas de vejiga, irregularidades con la menstruación, problemas de reproducción e infertilidad, fibromialgia, problemas para concebir, síndrome del intestino irritable, quistes ováricos y problemas de la próstata.

- Sentimientos- el derecho a sentir. Conectado a nuestra habilidad de sentir y aspectos relacionados a los sentimientos y sensaciones. Habilidad en aspectos sociales e íntimos.
- Se puede dar: no tener apetito sexual en caso de que este cerrado este chakra, y si está abierto tener demasiado apetito sexual.
- Aislamiento, depresión, control, resentimientos, envidia.
- A nivel del cuerpo cuando está en desequilibrio se puede dar: espasmos musculares, calambres, cólicos, desordenes menstruales y desequilibrios hormonales.
- A nivel físico puede producir: anemia, leucemia, problemas de circulación, presión baja, poca tonicidad muscular, fatiga, insuficiencia renal,

exceso de peso y desequilibrio en la temperatura del cuerpo.

- Si los chakras Raíz y Sacro no estuvieran en equilibrio, los otros chakras no podrían abrirse completamente y funcionarán de un modo restringido.

IDEAS PARA EQUILIBRAR SVADHISTHANA

La toma de conciencia de nuestro estado, y la constancia en estar mejor y superar nuestras limitaciones es lo que marcará la diferencia en nuestro equilibrio interno, es importante ver qué está fallando en este Chakra y tomar la decisión de hacer cosas para mejorarlo. Ejemplo: si observamos que disfrutamos poco, empezar a hacer más cosas que disfrutemos, si estamos poco activos comenzar a hacer cosas que nos activen.

- Escuchar sonidos rítmicos y acompasados como el sonido de la música oriental.
- Hacer movimientos circulares con las caderas, para conectar con la esencia femenina y con la sensualidad.
- Para activar este chakra se deben realizar actividades que generen vibraciones o sonidos suaves, obteniendo así un equilibrio espiritual. Otra de las cosas que se realizan es la vocalización con la letra "o", la cual se asocia con el asombro ante las maravillas que nos presenta la vida.
- Con el sonido que produce el agua de las corrientes de arroyos y ríos, así como los sonidos propios de la naturaleza y la colocación

de cristales con piedras de energía, inician la apertura de dicho centro energético.

- Baños aromáticos calientes, aeróbicos acuáticos y masajes. Estimular sensaciones, como diferentes tipos de comidas. Comidas y bebidas naranjas, gemas anaranjadas y el uso de aceites esenciales como el de Melissa o naranja.
- Realizar actividades manuales que impliquen la creación de nuevos objetos, especialmente si son objetos que puedes usar en tu hogar.
- Haciendo cualquier actividad novedosa que no hayas hecho antes.
- Usar cristales asociados a este chakra.
- Usar aromas asociados a este chakra como: sándalo, vainilla, almendra amarga que ayudan a armonizar este chakra.
- Incluir alimentos como frutas tropicales, alimentos del mar y cítricos.
- Darnos todos los días como mínimo un placer, ya sea algo de comer que nos encanta, ver algo o hacer algo con lo que disfrutemos.
- Contacto con el agua, disfrutar de la ducha o un baño, ir a un spa.
- Mimar y consentir nuestro cuerpo como por ejemplo un masaje.
- Ponernos guapos, sentirnos atractivos es importante para este Chakra.
- Disfrutar de nuestro cuerpo dándonos auto placer, exploración sexual.
- Compartir y disfrutar con otra persona.
- Estar en el presente, en el aquí y ahora, dándonos cuenta de nuestra respiración y

nuestra existencia, estamos vivos y por lo tanto a salvo.

- Meditar y repetir el sonido primario de este chakra "VAM" y si se puede visualizar su flor de loto.
- Ejercitar a través del yoga las zonas de influencia de este chakra como: vías urinarias, órganos sexuales y reproductores, caderas, pubis, pelvis y vejiga.
- Vestir ropas de color naranja.
- Las actividades físicas en general: andar (si se puede descalzo y por la naturaleza mejor), el yoga, limpiar, taconeo o pisar con determinación el suelo enraizándonos.
- Contacto con la naturaleza.
- Repetir las afirmaciones de este chakra:
  1. Pertenezco a la tierra, me nutro y me cuido.
     Yo disfruto; disfruto mi realidad.
  2. Mi luz interior guía mis emociones y sentimientos.
  3. Yo soy poder creativo.
  4. Yo me entrego al curso de la vida y confío.
  5. Yo confío, y confío en las sensaciones de mi cuerpo.
  6. Me siento seguro al relacionarme con los demás.

CAPITULO 4

TERCER CENTRO DE PODER CHAKRA DEL PLEXO SOLAR (MANIPURA)

Chakra del plexo solar (Manipura):

El tercer centro de poder se llama Manipura y representa la voluntad de iniciar, la acción, el equilibrio, la fuerza del guerrero espiritual, este chakra se sitúa en el plexo solar, justo en el abdomen, por encima del ombligo y sobre el área del estómago, Su significado es la fuerza y está asociado con el poder personal, el derecho de pensar y tomar decisiones, la fuerza de voluntad y el sentido de la transformación. Nuestro sentido de la autoridad, disciplina y el auto control convergen en este punto.

Es de color amarillo y su símbolo está formado por una flor de loto de diez pétalos. Su elemento es el fuego y se relaciona con nuestras pasiones, Se vincula con el control y el autocontrol, el poder, el intelecto, nuestra mente, el ego, el poder personal y la libertad propia.

Su mantra para el despertar es "RAM", y físicamente se conecta con el aparato digestivo superior, con el hígado, la vesícula biliar, el bazo, los órganos digestivos, el páncreas y suprarrenales.

Es el centro de energía de la voluntad, de un sentido de control y coordinación. Se asocia con la región alrededor del punto del ombligo. De los tres chakras que conforman lo que se llama el Triángulo Inferior, este es el más sutil, es decir: su energía es menos densa y más refinada, comenzando a abrir el camino hacia la conciencia espiritual.

Cuando este chakra se encuentra desequilibrado lo manifiesta a través de constipación, nerviosismo, mala memoria, problemas digestivos como: (ulceras, colitis, parásitos), diabetes e hipoglucemia. El motivo es que este chakra está conectado con el páncreas, la vesícula y el aparato digestivo superior.

Para lograr su equilibrio se recomienda tomar clases y leer libros educativos, realizar juegos mentales (ej. Rompecabezas), ingerir alimentos y bebidas de color amarillo, tomar sol, utilizar piedras o gemas amarillas, así como aceites e inciensos de dicho color, son ejemplos de estos aceites, el aceite de bergamota, aceite de limón, aceite de manzanilla, aceite de jengibre.

Durante la realización de meditación podemos repetir el mantra *"RAM"*.

¿Por qué es importante este chakra?

El chakra del plexo solar, localizado en la parte superior del abdomen, es el centro de nuestra voluntad, poder personal y autoconfianza. Este chakra es crucial para nuestra capacidad de tomar decisiones y asumir el control de nuestras vidas. Un chakra del plexo solar fuerte y equilibrado nos proporciona confianza, motivación y la capacidad de establecer y alcanzar objetivos. Si está bloqueado, podemos experimentar inseguridad, falta de propósito y problemas de autoestima.

CARACTERÍSTICAS PRINCIPALES

CHAKRA DEL PLEXO SOLAR: Es el chakra de la autoestima y el poder personal.

Color asociado	Amarillo.
Nombre en sanscrito	Manipura.
Mantra central	RAM.
Nota musical	Mi.
Mantras de los pétalos	Dam, Dham, Nam, Tam, Tham, Dam, Dham, Nam, Pam, Pham
Ubicación	En la vértebra lumbar a la altura de la cintura.

	Situado en el punto donde terminan nuestras costillas, en el centro, antes de la barriga, donde se encuentra el diafragma.
Función	Beneficia el sistema digestivo. Actúa especialmente sobre el páncreas. Este chakra está relacionado con el ego, la mente, el control y el autocontrol, el poder interior, la confianza en uno mismo, la autoestima, los sentimientos de merecimiento, la voluntad y el poder personal.
Fuerzas Positivas	Cambios, fuerzas formadoras, depuración.
Afirmación larga	"Tengo el poder de ser yo mismo/a y fortaleza interior."
Afirmación corta	"Yo puedo"
Significado	Poder personal, el derecho de pensar, balance del intelecto, auto confidencialidad y poder del ego. La habilidad de tener autocontrol y humor.
Síntomas del desequilibrio	Problemas digestivos, ulceras, diabetes, hipoglucemia, constipación, nerviosismo,

	toxicidad, parásitos, colitis y mala memoria.
Estimulantes	Clases de yoga con enfoque en el núcleo, que sirvan para centrar y fortalecer el abdomen, artes marciales como karate, taekwondo o aikido que fortalezcan el poder personal y la disciplina. Talleres de empoderamiento personal, que trabajen la autoestima, el liderazgo y la toma de decisiones. Tomar la luz del sol, realizar programas de desintoxicación, comidas y bebidas amarillas, ropa y gemas amarillas. El uso de aceites esenciales amarillos como limón y romero.
Glándula	Páncreas.
Hormona	Insulina.
Órganos	Bazo, estómago, hígado, vesícula, intestino delgado.

Sentido	Vista.
Aromas	Romero, jengibre, canela, lavanda y limón.
Piedras	Ojo de tigre, citrino, ámbar, pirita, topacio amarillo, calcita amarilla.
Elemento	Fuego.
Astrología	Sol y Luna.
Metal	Oro y plata.
Yantra	Loto rojo de diez pétalos con un triángulo rojo invertido dentro de círculo.

Deidad	Braddha Rudra.
Alimentos	Almidones, frutas y verduras amarillos.
Cuando está en equilibrio	Se tiene una autoestima sana, aceptándonos tal y como somos, con nuestras luces y sombras. Autenticidad de quien se es, seguridad en sí mismo sin importar lo que piensen los demás. Empoderamiento, el yo puedo. Y todo ello respetando a los demás.
Cuando está en desequilibrio	Pueden darse dos aspectos: Uno de sentimiento de superioridad, menosprecio hacia otras personas, egoísmo. Y otro de sentimiento de inferioridad, inseguridad, confusión, baja autoestima, no verse capaz de hacer algo. A nivel del cuerpo cuando está en desequilibrio puede darse: diabetes, desordenes en el tracto digestivo, alergias, insomnio.

Manipura

MANTRA CENTRAL: RAM

Yantra: Loto rojo de diez pétalos con un triángulo rojo invertido dentro de círculo.

Mantras de los pétalos: Dam, Dham, Nam, Tam, Tham, Dam, Dham, Nam, Pam, Pham.

Color: Amarillo

- Acción física: Digestión.
- Acción mental: Poder.
- Acción emocional: Comunicación.
- Acción interna: Crecimiento.

Deidad: Braddha Rudra

Nota musical: Mi

Piedras: Ámbar, ojo de tigre, citrino, ámbar, topacio amarillo.

Elemento: Fuego.

Astrología: Sol y luna.

Metal: Oro y Plata.

Función: Beneficia el sistema digestivo. Actúa especialmente sobre el páncreas.

Fuerzas positivas: Cambios, fuerzas formadoras, depuración.

Localización: En la vértebra lumbar a la altura de la cintura. Situado en el punto donde terminan nuestras costillas, en el centro, antes de la barriga, donde se encuentra el diafragma.

Glándula: Páncreas.

Hormona: Insulina.

Sentido: Vista.

Aromas: Canela, gengibre, limon, lavanda y romero.

AFIRMACIONES

- Estoy en contacto con la fuente de mi poder.
- Yo hago uso de mi poder sabiamente.
- Honro mi verdad y mi cuerpo.
- Soy digno de amor y felicidad en mi vida.
- Me libero de los juicios y dejo que mi vida fluya.

¿CÓMO ARMONIZAR ESTE TERCER CHAKRA?

El tercer chakra llamado Manipura o también conocido como el chakra del plexo solar, es el que se relaciona con el hacer y la forma como percibimos lo que merecemos.

Nos conecta con la capacidad de recibir, y de tener buen balance entre lo que damos y lo que merecemos de vuelta, también se asocia con nuestro propio poder personal y nuestra fuerza ante la vida.

El tercer centro energético llamado Manipura significa la ciudad de las joyas, está representado por una flor de loto de 10 pétalos, se encuentra ubicado a la altura del plexo solar entre la doceava vertebra torácica y la primera lumbar.

Su arquetipo es el guerrero y el trabajador, el tema central de activación es la fuerza de voluntad, la identidad propia y el poder personal

El tercer chakra, Manipura está relacionado con el Yo hago y con nuestra fuerza interior.

¿CÓMO SABER CUANDO ESTA EQUILIBRADO?

Cuando Manipura esta equilibrado hay seguridad en nosotros mismos y así desplegamos nuestro poder interior.

Hay motivación para actuar y se hace con determinación y compromiso, sin que haya obstáculos que vengan de nosotros mismos.

Otra parte importante es; que sabemos establecer límites y comprendemos cuando hay que decir "ya no más". Entendemos que la vida es un constante fluir y si bien hay momentos difíciles estos están ahí para que aprendamos y no nos dejemos llevar por ellos.

¿QUÉ SUCEDE CUANDO ESTA DESEQUILIBRADO?

Cuando Manipura este desequilibrado hay un mal uso del poder personal convirtiéndose en manipulación o autoritarismo o en el caso contrario, se puede llegar a estar completamente subyugado sin tener la capacidad de poner límites al abuso, cayendo en la baja autoestima.

En la parte física hay diabetes, trastornos y molestias estomacales, problemas en la alimentación y el metabolismo, ulcera péptica y fatiga crónica.

IDEAS PARA EQUILIBRAR A MANIPURA

Para equilibrarlo es bueno:

- Aceptación de nosotros mismos, conocernos de verdad, viendo la parte de las sombras, lo que no nos gusta de nosotros mismos, y aceptar esta parte, integrando la parte de sombras con las partes de luz. El conjunto es lo que crea nuestra identidad.
- Tomar conciencia de la función de este Chakra y de cómo lo tenemos: es importante ver qué está fallando en este Chakra y tomar la decisión de hacer cosas para mejorarlo. Ejemplo: si observamos que tenemos una autoestima baja, empezar a valorarnos y a cambiar la mentalidad

del no puedo y el no merezco por yo puedo, yo merezco.

- Cada vez que tengamos un diálogo interno negativo hacia nosotros mismos, cambiarlo por uno positivo. Podemos y somos merecedores de todo lo bueno.
- Frase de afirmación: Decir la frase a conciencia. "Tengo el poder de ser yo mismo y fortaleza interior" "Yo puedo"
- La toma de conciencia de nuestro estado, y la constancia en estar mejor y superar nuestras limitaciones es lo que marcará la diferencia en nuestro equilibrio interno.
- Escuchar sonidos suaves, armoniosos que recuerden días soleados y luminosos.
- Hacer movimientos abdominales que fortalezcan esta área, también masajes en el estómago de forma suave, puede ayudar a mejorar.
- Realizar actividades que involucre ayudar a otros desinteresadamente, pero guardando el adecuado equilibrio para no dar en exceso.
- Haciendo cualquier actividad que implique reconocer tu propio poder.
- Usar cristales como: Ojo de tigre, citrino, pirita o cualquier cristal asociado a este chakra.
- Usar los aromas asociados a este chakra como: limón, jengibre, lavanda, romero; que ayudan a equilibrar y armonizar este chakra.
- Incluir alimentos como: Maíz, manzanilla, naranjas, mandarinas, huevo, yogurt y carbohidratos integrales.

- Meditar o repetir el sonido primario de este chakra: RAM (si se puede visualizar su flor de loto, mucho mejor).
- Ejercitar a través del yoga las zonas de influencia de este chakra: órganos abdominales, intestino, colon, hígado, vesícula, bazo, páncreas, riñones.
- Vestir ropas de color amarillo y dorado.
- Repetir las afirmaciones de este chakra:
  1. Estoy en contacto con la fuente de mi poder.
  2. Yo hago uso de mi poder sabiamente.
  3. Honro mi verdad y mi cuerpo.
  4. Soy digno de amor y felicidad en mi vida.
  5. Soy digno de abundancia.
  6. Me libero de los juicios y dejo que mi vida fluya.

CAPITULO 5
CUARTO CENTRO DE PODER CHAKRA CORAZON (ANAHATA)

Chakra corazón (Anahata):

Anahata es el cuarto centro de poder y se encuentra en el centro del pecho. Está regido por el elemento aire que aporta una influencia de sutileza, asociado con el amor, pero el "AMOR" con mayúsculas, es el amor de la compasión, empatía, el perdón. Es amor hacia el universo. Desde este centro irradiamos armonía y balance. El color asociado es el verde (el color de la sanación) o rosa (amor universal).

cuarto chakra o Anahata que es el que corresponde al corazón y que además es el que conecta los tres primeros chakras con los tres últimos ya que ese encuentra justo en la mitad de ellos.

Por el aire despliegas tus emociones y cultivas la compasión y la capacidad de amar.

Este es centro de energía nos conecta con el amor, tanto propio como hacia todo lo que nos rodea, también es el chakra donde reside la energía de dar y recibir de una manera equilibrada, conectándonos también con la compasión y la empatía hacia todos los seres vivientes. El cuarto centro energético llamado Anahata y significa imposible de romper, está representado por una flor de loto de doce pétalos, se encuentra situado en el corazón, en la glándula del timo, sus arquetipos son el amante y el artista y el tema central de su activación es el amor incondicional y espiritual.

Su símbolo es un loto de doce pétalos con dos triángulos que forman una estrella de seis puntas, uno apuntando hacia arriba y el otro hacia abajo, que representa el punto de equilibrio, en el cuerpo, entre el flujo de la energía hacia el cielo y hacia la tierra. Está ubicado en el pecho, junto al corazón y los pulmones, y su color es el verde y el rosa.

Está relacionado con la devoción, el amor, el amor incondicional, los sentimientos, la sanación y compasión y su elemento es el aire.

Se le conecta con Shiva y su mantra de despertar es "IAM".

Físicamente está ligado al corazón, los pulmones, el sistema circulatorio e inmunológico, así como el hígado.

¿Por qué es importante este chakra?

El chakra del corazón, situado en el centro del pecho, es el puente entre los chakras inferiores y superiores, y representa el amor, la compasión y la conexión con los demás. Un chakra del corazón abierto y equilibrado nos permite dar y recibir amor de manera incondicional, desarrollar relaciones armoniosas y sentir empatía hacia los demás. Cuando este chakra está bloqueado, podemos sentirnos aislados, resentidos y tener dificultades para relacionarnos con los demás.

CARACTERÍSTICAS PRINCIPALES

CHAKRA DEL CORAZÓN: Es el chakra del amor incondicional y la compasión.	
Color asociado	Verde y Rosa.
Nombre en sanscrito	Anahata.
Mantra central	IAM, YAM.
Nota musical	Fa.
Mantras de los pétalos	Kam, Kham, Gam, Gham, Nam, Cham, Chham, Jam, Jham, Ñam, Tam, Tham.
Ubicación	Ubicado en el centro del pecho en la vertebra dorsal, a la altura del corazón.
Función	Se relaciona con el amor

	incondicional y la compasión. Dar sin esperar nada a cambio. Es el Chakra de la unión entre los Chakras de abajo que tienen que ver con la materia y el cuerpo, con los de arriba que tienen que ver con lo eterico, mental y espiritual. Este centro de poder controla el sistema circulatorio y el corazón además estimula la actividad pulmonar.
Fuerzas Positivas	Apertura y unión.
Afirmación larga	"Me amo y amo a los demás incondicionalmente."
Afirmación corta	"Yo amo."
Significado	Relaciones, el derecho de amar, perdonar, compasión. Habilidad del autocontrol y la aceptación a ti mismo.
Síntomas del desequilibrio	Desordenes del Corazón y respiración, cáncer de seno y Corazón. Dolor del pecho, alta presión sanguínea, pasividad, problemas del sistema inmune, tensión muscular.
Estimulantes	Caminatas en la naturaleza, ejercicios de yoga que se enfoquen en posturas de apertura del pecho, terapias de

	sanación energética como reiki, sanación con cristales, biodescodificacion, constelaciones familiares, meditaciones guiadas, arteterapia, danzaterapia, pasar tiempo con familiares y amigos, comidas y bebidas verdes, piedras y ropa verde, el uso de aceites verdes como eucalipto o pino.
Glándula	Timo.
Hormona	Secreción de Glóbulos-t.
Órganos	Corazón, sistema circulatorio y aparato respiratorio (pulmones).
Sentido	Tacto.
Aromas	Ylang ylang, romero, pino, nardo, lavanda, jazmín, bergamota, geranio, eucalipto y nardo.
Piedras	Esmeralda, perennita, cuarzo rosa, cuarzo verde, jade, Rubí y olivino.

Elemento	Aire.
Astrología	Venus.
Metal	Cobre.
Yantra	Loto gris de doce pétalos. Dos triángulos formando estrella seis puntas dentro de círculo.
Deidad	Shiba, Ishana Rudra.
Alimentos	Frutas y verduras verdes.
Cuando está en equilibrio	Surge el amor propio y hacia los demás de una forma desinteresada. Hay aceptación y compresión de los aspectos positivos y negativos tanto hacia nosotros mismos como hacia los demás. Hay empatía y compasión hacia los demás.

Cuando está en desequilibrio	No se es capaz de amar de forma incondicional, egoísmo, exigencias hacia los demás, no hay amor propio, se percibe lo externo y los demás como amenazas. A nivel del cuerpo cuando está en desequilibrio se puede dar: síndrome de pánico, calambres, acidez, palpitaciones, arritmia cardiaca, presión alta, enfermedad de los pulmones, problemas con los niveles de colesterol, intoxicación, tensión, cáncer.

Anahata

MANTRA CENTRAL: IAM

Yantra: Loto gris de doce pétalos. Dos triángulos formando estrella seis puntas dentro de círculo.

Mantras de los pétalos: Kam, Kham, Gam, Gham, Nam, Cham, Chham, Jam, Jham, Ñam, Tam, Tham

Color: Verde y rosa.

Deidad: Shiba, Ishana Rudra.

Nota musical: Fa

Piedras: Esmeralda, prehnita, cuarzo rosa, cuarzo verde, jade, rubi y olivino.

Elemento: Aire.

Astrología: Venus.

Metal: Cobre

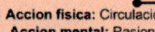

- **Accion física:** Circulacion.
- **Accion mental:** Pasion.
- **Accion emocional:** Amor y Compasion.
- **Accion interna:** Devocion.

Glándula: Timo.

Hormona: Secrecion de Globulos-t.

Sentido: Tacto.

Aromas: Rosa, Lavanda, Romero, Pino, Nardo, Jazmin, bergamota, geranio, eucalipto, ylang ylang.

Función: Es el Chakra de la unión entre los chakras de abajo que tienen que ver con la materia y el cuerpo, con los de arriba que tienen que ver con lo etérico, mental y espiritual. Controla corazón y sistema circulatorio. Estimula la actividad pulmonar y ejerce gran influencia sobre el nervio vago y la glándula del timo.

Fuerzas positivas: Apertura y union.

Localización: Centro del pecho, en la vértebra dorsal a la altura del corazón

AFIRMACIONES

- Mi corazon esta lleno de alegria y amor.
- Me gusta amar y ser amado.
- Yo soy AMOR.
- El amor me cura y me renueva.
- Sigo con confianza el camino de mi corazon.
- Me siento seguro y querido por el universo.

¿CÓMO ARMONIZAR ESTE CUARTO CHAKRA?

Este es el chakra del corazón, el que nos conecta con el amor, tanto propio como hacia todo lo que nos rodea, también es el chakra donde reside la energía de dar y recibir de manera equilibrada, conectándonos también con la compasión y la empatía hacia todos los seres vivientes.

El cuarto centro energético llamado Anahata y significa imposible de romper, está representado por una flor de loto de doce pétalos, se encuentra situado en el corazón, en la glándula timo, sus arquetipos son el amante y el artista y el tema central para su activación es el amor incondicional y espiritual.

El cuarto chakra, ANAHATA está relacionado con el Yo AMO y con nuestra capacidad de dar y recibir.

¿COMO SABER CUANDO ESTA EQUILIBRADO?

Cuando Anahata esta equilibrado entiendes que las personas que te rodean son tan importantes como tú, puedes sentir que, a pesar de las diferencias, todos hacemos parte del mismo universo.

Experimentas amor sin apegos, amas sin miedo y das sin pedir nada a cambio, también te das cuenta de la importancia de perdonar para así liberarte del pasado y de esa manera evolucionar, fortaleciendo tu paz interior y tus relaciones con los demás.

¿QUÉ SUCEDE CUANDO ESTA DESEQUILIBRADO?

Cuando Anahata este desequilibrado hay celos, hay posesión, apego desmedido, tristeza constante y hay miedo a amar y ser amado, incluso hay temor al rechazo, hay una gran dificultad en recibir porque no nos consideramos merecedores de ello.

En la parte física hay un pobre sistema inmunológico, gripa, infecciones recurrentes, angina de pecho, asma, problemas del corazón, alergias, bronquitis, problemas en la piel, entre otras.

IDEAS PARA EQUILIBRAR A ANAHATA

Para equilibrarlo es bueno:

- Respiraciones completas.
- Al tener en equilibrio los tres primeros chakras, tener seguridad, disfrutar de la vida y una autoestima sana, surge el amor propio que abre este chakra.
- Apertura para dar y recibir.
- Aceptación de lo que es y apreciación de las cosas buenas en nosotros, los demás y en la vida.
- Hacer las cosas desde el amor y no desde el miedo.
- Perdonar de forma sincera a los demás y a nosotros mismos.
- Tomar conciencia de la función de este chakra y de cómo lo tenemos. Es importante ver que está fallando en este chakra y tomar la decisión de hacer cosas para mejorarlo. Ejemplo: si

observamos que tenemos resentimiento hacia los demás o hacia nosotros mismos, debemos hacer un análisis para entender a la otra persona desde una comprensión objetiva, pensando que la lleva actuar de esa manera, entendiendo que esa persona ha tenido una vida y unos valores distintos a los nuestros y su forma de ver la vida es distinta, comprender que no es realmente hacia nosotros sino que lo que lleva al otro a actuar así es su mundo interior, debemos perdonarlo y aceptarlo como es, sin tomarnos nada personal. Si es hacia nosotros mismos debemos hacer también un análisis de lo que nos ha llevado a ser como somos y porque hacemos las cosas que hacemos, comprendernos y perdonarnos.

Comprender es el principio de la conciencia, de hacer consciente lo inconsciente. El perdón hacia nosotros mismos y hacia los demás nos libera.

- Frase de afirmación: Repetir constantemente las afirmaciones de poder y conciencia como: "Me amo y amo a los demás incondicionalmente" "yo me amo".
- Escuchar música sagrada con sonidos suaves, acompasados y que nos recuerden el amor universal.
- Hacer movimientos que involucren los brazos y la apertura del pecho.
- Realizar una profunda labor para perdonar y perdonarnos, reconociendo que las faltas que otros cometen no quedan excusadas automáticamente, pero tampoco podemos seguir siendo prisioneros del resentimiento.

- Haciendo cualquier actividad que implique servir a los demás y abrazar a otros.
- Usar los cristales asociados a este chakra como: cuarzo rosado, jade, ágata, aventurina.
- Usar los aromas asociados a este chakra como: lavanda, rosa, pino y cualquier aroma floral que ayudan a armonizar este chakra.
- Incluir alimentos (frutas y verduras de hojas verdes) como ejemplo: el kiwi, la granada, la manzana, la pera, las uvas verdes, el aguacate.
- Meditar o repetir el sonido primario de este chakra: IAM (si se puede visualizar la flor de loto mucho mejor).
- Vestir ropas de colores verde o rosado.
- Ejercitar a través del yoga las zonas de influencia de este chakra como: el pecho, el torso, la espalda, el corazón, los pulmones, bronquios, brazos, omoplatos, hombros, axilas, manos.
- Repetir las afirmaciones de este chakra:
    1. Yo soy amor.
    2. Mi corazón está lleno de la energía del amor.
    3. Me gusta amar y ser amado, yo soy amor.
    4. El amor me cura y me renueva.
    5. Sigo con confianza el camino de mi corazón.
    6. Me siento seguro y querido por el universo.

CAPÍTULO 6
QUINTO CENTRO DE PODER CHAKRA GARGANTA (VISHUDDHA)

Chakra garganta (Vishuddha):

El quinto centro de poder se llama VISHUDDHA, se encuentra en el área de la garganta. Este chakra está asociado con la comunicación y creatividad. La honestidad, amabilidad, conocimiento y sabiduría pueden expresarse desde este chakra.

Este círculo de poder energético es conocido como el chakra de la garganta o Vishuddha en sánscrito, es el centro energético de la comunicación y la autoexpresión. Localizado en la región de la garganta, este chakra es fundamental para nuestra capacidad de transmitir pensamientos, emociones y verdades internas de manera clara y auténtica.

Visuddha gobierna nuestra voz interior y exterior, influenciando cómo expresamos nuestras ideas y sentimientos al mundo. Un chakra de la garganta equilibrado permite una comunicación efectiva, no solo en términos de hablar y escuchar, sino también en la manera en que nos relacionamos con nosotros mismos y con los demás. La claridad en la expresión y la autenticidad en nuestras palabras son manifestaciones clave de un chakra de la garganta saludable.

Las fuerzas positivas de este chakra se manifiestan en diversas áreas de la vida. Una comunicación clara y efectiva es esencial para el entendimiento mutuo y la resolución de conflictos. La habilidad para ser auténtico y honesto en nuestra expresión fortalece nuestras relaciones y nuestra propia integridad. Además, la creatividad y la autoexpresión florecen cuando nos sentimos libres para compartir nuestras ideas y emociones sin miedo al juicio.

La confianza en la comunicación es otro aspecto crucial de Vishuddha. Hablar con seguridad, ya sea en conversaciones cotidianas o en situaciones más formales como presentaciones públicas, refleja un chakra de la garganta fortalecido. Esta confianza también se traduce en la capacidad de establecer límites saludables y de expresar nuestras necesidades y deseos de manera respetuosa y clara.

El chakra de la garganta también fomenta la escucha activa, una habilidad que va más allá de simplemente oír palabras. Escuchar activamente implica comprender las emociones y las intenciones detrás de las palabras, creando una conexión más profunda y empática con los demás. Esta capacidad de escucha mejora significativamente nuestras interacciones y relaciones personales.

En términos de empoderamiento personal, un Vishuddha equilibrado nos da la fuerza para comunicar nuestras ideas y defender nuestras creencias con convicción. Nos permite influir positivamente en los demás a través de un discurso inspirador y motivador. Además, la claridad mental y espiritual que proviene de un chakra de la garganta en armonía nos conecta con nuestra intuición y sabiduría interna, facilitando una vida más plena y consciente.

El chakra de la garganta es, por lo tanto, mucho más que el centro de la comunicación verbal. Es el puente entre nuestro mundo interno y externo, el canal a través del cual fluye nuestra verdad personal y nuestra conexión con los demás. Cultivar y equilibrar Vishuddha es esencial para una vida auténtica, creativa y conectada, donde la expresión de nuestra verdadera esencia se convierte en una fuente de poder y armonía.

¿Por qué es importante este centro energético?

Ubicado en la garganta, este chakra es el centro de la comunicación y la autoexpresión. Es vital para nuestra capacidad de expresar nuestras ideas, sentimientos y verdad interior. Un chakra de la garganta equilibrado facilita una comunicación clara y efectiva, tanto en el habla como en la escritura. También nos permite ser buenos oyentes. Si está bloqueado, podemos experimentar problemas de comunicación, miedo a hablar y una sensación de no ser escuchados o comprendidos.

CARACTERÍSTICAS PRINCIPALES

CHAKRA DE LA GARGANTA: Es el chakra de la comunicación, la auto expresión, el habla y el crecimiento.

Color asociado	Azul claro, cian.
Nombre en sanscrito	Visuddha.
Mantra central	JAM, HAM
Nota musical	Sol.
Mantras de los pétalos	Am, âm, im, îm, um, ûm, rim, rîm, lim, lîm, Em, Aim, Om, Aum, Amm, Ahm.
Ubicación	Está ubicado en la región de la garganta, específicamente en el área de la laringe a la altura de la vertebra cervical.
Función	Es el Chakra de la comunicación interna y externa, de la creatividad desde la inspiración. físicamente se conecta con las cuerdas vocales y el oído, la garganta, los pulmones y los bronquios, además de la tiroides y el sistema linfático.

Fuerzas Positivas	Comunicación clara y efectiva, claridad y verdad, escucha activa, autoexpresión.
Afirmación larga	"Expreso mi verdad."
Afirmación corta	"Yo expreso."
Significado	Relaciones, el derecho de hablar. Aprender sobre la auto expresión y las creencias propias (expresiones genuinas) la habilidad de confiar, lealtad, organización y planeación.
Síntomas del desequilibrio	Desequilibro en la tiroides, amígdalas, fiebres y resfriados, infecciones, problemas en la boca, mandíbula, lengua, cuello y hombros. Hiperactividad, desordenes hormonales y otros desordenes como el síndrome premenstrual, cambios de ánimo, hinchazones y menopausia.
Estimulantes	Cantar en la ducha, declamar poesía, coleccionar estampillas y arte. Conversaciones significativas, comidas y bebidas azules, ropa y gemas azules, el uso de aceites esenciales azules como la manzanilla o geranio.

Glándula	Tiroides y paratiroides.
Hormona	Tiroxinas.
Órganos	Garganta, amígdalas, laringe, cuerdas vocales, esófago.
Sentido	Oído.
Aromas	Eucalipto, hinojo, menta, incienso, salvia, lavanda, manzanilla, comino, benjuí.
Piedras	Lapislázuli, aguamarina, turquesa, apatita azul, celestina, ágata azul, topacio azul.
Elemento	Éter.
Astrología	Marte y Júpiter.
Metal	Hierro y estaño.

Yantra	
	Loto blanco-dorado de dieciséis pétalos con un círculo blanco dentro de triángulo invertido.
Deidad	Sada Shiva, Saraswati.
Alimentos	Frutas y verduras azul/ púrpura.
Cuando está en equilibrio	Podemos expresarnos libremente, expresando nuestra verdad desde lo que sentimos internamente. Se tiene creatividad y esta viene de la inspiración. Se habla con consciencia, con especial cuidado en cómo se habla y las palabras que se eligen, pues la palabra es muy poderosa y contribuye a crear la realidad que nos rodea.
Cuando está en desequilibrio	Puede darse que nos cueste decir lo que pensamos por miedo a lo que piensen los demás (timidez), trabarse, tartamudez, cuando se miente

se bloquea este chakra,
también puede darse el caso de
hablar mucho, pero son palabras
vacías que no se fundamentan
en lo que se siente.
A nivel del cuerpo cuando está
en desequilibrio se puede dar:
propensión a las infecciones
virales, resfriados, herpes,
problemas de la garganta,
tiroides, dolores musculares,
problemas dentales, bruxismo.

Vishuddha

MANTRA CENTRAL: JAM - HAM

Yantra: Loto blanco-dorado de dieciséis pétalos con un círculo blanco dentro de triángulo invertido.

Mantras de los pétalos: Am, âm, im, îm, um, ûm, rim,rîm, lim, lîm, Em, Aim, Om, Aum, Amm, Ahm.

Color: Azul claro, cian.

Deidad: Sada Shiva, Saraswati.

Nota musical: Sol.

Funcion: Es el Chakra de la comunicación interna y externa, de la creatividad desde la inspiración. fisicamente se conecta con las cuerdas vocales y el oído, la garganta, los pulmones y los bronquios, además de la tiroides y el sistema linfático.

- **Acción física:** Comunicación.
- **Acción mental:** Fluidez de pensamiento.
- **Acción emocional:** Independencia.
- **Acción interna:** Seguridad.

Piedras: Aguamarina, turquesa, azurita, amatista, ágata azul, angelita, calcedonia y topacio azul.

Elemento: Eter.

Astrología: Marte, Jupiter.

Metal: Hierro, Estaño.

Glándula: Tiroides y paratiroides.

Hormona: Tiroxinas.

Sentido: Oido.

Aromas: Hinojo, eucalipto, mirra, comino, benjuí, salvia, incienso.

Fuerzas positivas: Comunicación clara y efectiva, claridad y verdad, escucha activa, autoexpresión.

Localizacion: Zona de la garganta, En la vértebra cervical, a la altura de la nuez y de los hombros.

AFIRMACIONES

- Mi voz pronuncia palabras veraces.
- Yo digo la verdad y valoro mi compromiso con ella.
- Comparto mis sentimientos con tranquilidad y comodidad.
- Yo escucho mi verdad interior.
- En silencio digo mi verdad mas profunda.

¿CÓMO ARMONIZAR ESTE QUINTO CHAKRA?

Este es el chakra de la garganta, está directamente relacionado con nuestra expresión, con las palabras que salen de nuestro corazón, por ende, también es el chakra para manifestar nuestra realidad. Es el quinto centro energético, visuddha significa puro, este chakra está representado por una flor de loto de dieciséis pétalos, se encuentra situado en la garganta, sus arquetipos son el comunicador y el enmascarado y el tema central de su activación es la expresión y manifestación.

El quinto chakra, VISHUDDHA está relacionado con el Yo hablo y nuestra capacidad de expresión.

¿CÓMO SABER CUANDO ESTA EQUILIBRADO?

Cuando visuddha esta equilibrado, tenemos buena comunicación, podemos expresarnos libremente con eficacia y sin temores, hay sinceridad en nuestras acciones y podemos hablar de nuestros sentimientos con la certeza de saber que la verdad es uno de los pilares de una buena expresión.

Cuando este círculo energético esta balanceado tenemos facilidad para llevar a cabo actividades artísticas tales como el canto, la escritura y la pintura.

¿QUÉ SUCEDE CUANDO ESTA DESEQUILIBRADO?

Cuando vishuddha está en desequilibrio se experimenta incapacidad para expresarnos o nos expresamos incorrectamente, se dificulta poner las ideas en orden y decir lo que realmente pensamos, hay confusión, falta de claridad, y en algunos casos encontramos a personas que son lo contrario a la falta de expresión, hablan demasiado sin escuchar a los demás, o con ideas atropelladas.

En la parte física hay problemas de garganta, tiroides, ulceras en la boca, problemas dentales, rigidez en el cuello.

IDEAS PARA EQUILIBRAR A VISHUDDHA

Para equilibrarlo es bueno:

- Escuchar mantras y recitarlos o cantarlos en voz alta.
- Expresarnos y comunicarnos a través de la escritura, pintura, la danza, el teatro o cualquier otra forma artística y creativa.
- Practicar el silencio, escuchar lo que sientes; conectando con nuestro silencio interno, podemos acceder al cuándo silenciemos nuestros pensamientos.
- Tomar conciencia de la función de este chakra y de cómo lo tenemos es importante para poder entender lo que está fallando en él y así tomar la decisión de tomar acciones para mejorarlo Ejemplo: si nos cuesta decir lo que pensamos a los demás, intentar ir diciendo lo que pensamos de la mejor forma, desde el respeto y el amor. Perder el miedo a la reacción de la gente, si lo que decimos lo decimos desde la conciencia, la calma y el amor no es nuestra culpa si se ofenden.

Poder expresarnos sin miedo nos libera.

- Frase de afirmación: decir las frases de poder, afirmación y conciencia de este chakra. Ejemplo: "Expreso mi verdad" "Yo expreso".
- Hacer movimientos suaves con la cabeza y hombros mientras se entonan diferentes silabas.
- Escribir todas las emociones que se sientan reprimidas, hacerlo sin filtro; solo dejando que las palabras fluyan.
- Usar cristales asociados a este chakra como; lapislázuli, ágata azul o aguamarina.
- Usar los aromas asociados a este chakra como: hinojo, eucalipto mirra y comino que ayudan a armonizar este chakra.
- Incluir alimentos como jugos de frutas, agua, pimienta, te de hierbas, sopas.
- Meditar o repetir el sonido primario de este chakra: JAM – HAM (si se puede visualizar su flor de loto, mucho mejor).
- Vestir ropa de color azul en todas sus tonalidades.
- Ejercitar a través del yoga las zonas de influencia de este chakra: tiroides, paratiroides, cuello, esófago, piel boca, garganta, oídos y bronquios.
- Repetir las afirmaciones de este chakra:
  1. Mi voz pronuncia palabras veraces.
  2. Yo digo la verdad y valoro mi compromiso con ella.
  3. Yo soy la verdad.
  4. Comparto mis sentimientos con tranquilidad y comodidad.
  5. Yo escucho mi verdad interior.

6. En silencio oigo mi verdad más profunda.

CAPÍTULO 7
SEXTO CENTRO DE PODER CHAKRA TERCER OJO (AJNA):

Chakra del tercer ojo (Ajna):

El sexto centro de poder se llama AJNA, es el chakra del tercer ojo. Se encuentra en el centro de la frente, ubicado en el centro del cerebro detrás del punto entre las cejas, más conocido como (entrecejo), por encima de los ojos y de la nariz

Ajna que en sanscrito significa "saber" o "percibir" y se traduce como percibir o "comandar", y refleja su papel crucial en nuestra capacidad para ver más allá de las apariencias físicas y acceder a una percepción más profunda y espiritual.

Se representa por un loto de dos pétalos, cada uno asociado con un mantra: "Ham" y "Ksham", El símbolo tradicional de Ajna, es el loto de dos pétalos, que encarna la dualidad de lo material y lo espiritual.

Cada pétalo representa los aspectos sagrados del **om,** el mantra primordial que resuena con la vibración universal.

Los pétalos simbolizan también la unión de los dos hemisferios cerebrales, reflejo de la unificación del ser con el cosmos.

El color que simboliza a este chakra es el índigo, evoca una sensación de misterio, profundidad y sabiduría.

Este centro energético está asociado con la clarividencia, la intuición, nuestra imaginación y percepción más allá del mundo físico.

Ajna es el centro de la intuición, la percepción y la sabiduría interior. Está vinculado a la glándula pineal y se cree que regula el ciclo del sueño y la vigilia, así como nuestros ritmos biológicos. Este chakra nos permite trascender la dualidad y ver las verdades universales más allá de las ilusiones y las percepciones sensoriales.

Relacionado con:

- Intuición y Clarividencia: Ajna es el asiento de nuestra intuición, proporcionando una comprensión más allá de la lógica y el razonamiento. Cuando está equilibrado, podemos confiar en nuestros instintos y tener una visión clara de situaciones y personas.

- Percepción y Conocimiento Interior: Este chakra nos permite acceder a una sabiduría interna y a una percepción más allá de los cinco sentidos. Nos conecta con nuestro ser superior y con el conocimiento universal, es como un puente hacia la sabiduría que trasciende el conocimiento universal.
- Visión y Claridad: Un tercer ojo abierto y equilibrado nos ofrece claridad mental, ayudándonos a ver las cosas con una perspectiva amplia y profunda. Facilita la visualización y la capacidad de manifestar nuestras ideas en la realidad.

Actúa como centro de intuición y claridad mental, donde la luz de la comprensión interna se enciende.

A este centro energético, se le atribuye la capacidad de otorgar sabiduría interior y promover una clara percepción.

Es considerado el punto de unión entre la mente racional y la sabiduría intuitiva, facilitando el acceso a estados superiores de conciencia y comprensión, asociado tradicionalmente con la claridad mental, la iluminación espiritual y la capacidad de ver más allá de lo físico.

¿Por qué es importante este centro energético?

El chakra del tercer ojo, situado en la frente entre las cejas, es el centro de la intuición, la percepción y la sabiduría interior. Este chakra es esencial para nuestra capacidad de ver más allá de lo físico y comprender el mundo espiritual. Un tercer ojo equilibrado nos proporciona claridad mental, intuición aguda y una conexión profunda con nuestra sabiduría interior. Si está desequilibrado, podemos sufrir confusión, falta de visión y dificultad para confiar en nuestra intuición.

La importancia del Ajna Chakra yace en su conexión con la capacidad de discernimiento y la habilidad para ver más allá de lo obvio.

Su desarrollo y equilibrio son fundamentales para la práctica espiritual, ya que un Ajna Chakra armonizado se cree que fortalece la intuición y mejora la claridad mental.

A medida que las personas se dedican a técnicas específicas para activar y equilibrar este chakra, informan una mayor sensación de orientación interna y conexión con su verdadero yo.

El sexto chakra AJNA, es fundamental para nuestra capacidad de ver más allá del mundo material y acceder a una percepción profunda y a la sabiduría interior. Al trabajar conscientemente para equilibrar y activar este chakra, podemos desarrollar una intuición aguda, una visión clara y una conexión más profunda con nuestro ser superior y el universo. Ajna nos guía a través del velo de las apariencias hacia una comprensión más elevada y una vida iluminada.

CARACTERÍSTICAS PRINCIPALES

CHAKRA DEL TERCER OJO: Es el chakra de la intuición.

Color asociado	Azul índigo, añil o violeta.
Nombre en sanscrito	AJNA.
Mantra central	OM.
Nota musical	La.
Mantras de los pétalos	Ham, Ksham.
Ubicación	En la frente, en el centro del cerebro, detrás del punto entre las cejas (entrecejo).
Función	Está vinculado con la intuición, ver con claridad, clarividencia y la imaginación. la percepción extrasensorial y la intuición. Los ojos, el cerebro y el sistema nervioso, gobierna la glándula pineal, el poder psíquico.
Fuerzas Positivas	Está por encima de las dualidades y de las dudas vive en su centro.
Afirmación larga	"Abro mi intuición y mi mente al máximo."

Afirmación corta	"Yo veo."
Significado	Intuición, el derecho de ver. La confianza en los otros, intuición e introspección. El desarrollo de las habilidades físicas, auto realización, liberación de pensamientos escondidos y la represión de pensamientos negativos. Se relaciona con nuestra capacidad de clarividencia y visión psíquica de nuestro pasado, presente y futuro, así como nuestra capacidad de ver claramente el mundo interior y exterior. Asociado a la intuición, la imaginación, la conciencia y la concentración.
Síntomas del desequilibrio	Deficiencias de aprendizaje, problemas de coordinación, desordenes de sueño. Problemas oculares, dolores de cabeza.
Estimulantes	Auto apreciación, meditación, comida y bebidas de color índigo, gemas y ropas índigo, el uso de aceites esenciales en color índigo como pachuli y Frank inciense.
Glándula	Pituitaria.

Hormona	Vasopresina.
Órganos	Sistema nervioso central, ojos, oído, nariz, glándula pituitaria (hipófisis), glándula pineal (epífisis), sistema endocrino y senos paranasales.
Sentido	Intuición.
Aromas	Sándalo, vetiver, incienso, menta, eucalipto, mirra, romero, salvia, lavanda.
Piedras	Lapislázuli, moldavita, azurita, amatista, zafiro violeta, piedra luna, lepidolita.
Elemento	Luz.
Astrología	Urano y Saturno.
Metal	Plata y plomo.

Yantra	
	Loto de dos pétalos que consiste en 96 pétalos y tiene dos divisiones- cada uno de 48 pétalos.
Deidad	Se le relaciona con Shambú o Sambú.
Alimentos	Frutas y verduras azul y púrpura.
Cuando está en equilibrio	Se ven las cosas con claridad y se sabe hacia donde ir, se tiene una buena intuición y se desarrolla la percepción hacia las cosas no visibles.
Cuando está en desequilibrio	Ser muy cuadriculado, no se ve más allá, cerrado a la existencia de cosas que no se ven, se tiene poca intuición y se usa más el razonamiento (ser muy mental). Hay confusión, no se sabe hacia donde ir, hay mucha inestabilidad en la fida y no se tiene iniciativa. A nivel del cuerpo cuando este chakra este desequilibrado se puede dar: vicios y adicciones

como a las drogas o el alcohol,
hay problemas en los ojos.

Ajna

MANTRA CENTRAL: OM

Yantra: Loto de dos pétalos que consiste en 96 pétalos y tiene dos divisiones- cada uno de 48 pétalos.

Mantras de los pétalos: Ham, Ksham.

Color: Azul indigo, añil o violeta.

- **Acción física:** Regulación del sueño.
- **Acción mental:** Intuición.
- **Acción emocional:** Claridad.
- **Acción interna:** Meditación.

Deidad: Shambú o Sambú.

Nota musical: LA

Piedras: Lapislázuli, moldavita, azurita, amatista, zafiro violeta, piedra luna, lepidolita.

Elemento: Luz.

Astrología: Urano y Saturno.

Metal: Plata y Plomo.

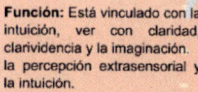

Función: Está vinculado con la intuición, ver con claridad, clarividencia y la imaginación. la percepción extrasensorial y la intuición.
los ojos, el cerebro y el sistema nervioso, gobierna la glándula pineal, el poder psíquico.

Fuerzas positivas: Está por encima de las dualidades y de las dudas vive en su centro.

Localización: En la frente, ubicado en el centro del cerebro detrás del punto entre las cejas (entrecejo).

Glándula: Pituitaria.

Hormona: Vasopresina.

Sentido: Intuición.

Aromas: Menta, jazmín, lavanda, sándalo, enebro, romero, salvia, vetiver e incienso.

AFIRMACIONES

- Mi terecer ojo influye en el conocimiento interior.
- Acepto que soy un ser limitdo e infinito
- Escucho mi intuicion y le doy cabida enmi vida.
- Yo encuentro sabiduria en el pasado y curacion en el presente
- Soy un ser de luz y de amor.

¿CÓMO ARMONIZAR ESTE SEXTO CHAKRA?

Este es el sexto circulo energético, su nombre es AJNA y significa centro de la percepción, está representado por un loto de dos pétalos, cada uno a un lado, se encuentra situado en el entrecejo, lo denominamos tercer ojo, sus arquetipos son: el racionalista y el psíquico y los temas centrales de activación son la intuición y la sabiduría.

El sexto chakra, AJNA está relacionado con el Yo veo y nuestra capacidad de percibir la vida.

¿CÓMO SABER CUANDO ESTA EQUILIBRADO?

Cuando AJNA esta equilibrado hay una sensación de tener claro el camino de nuestra vida y somos más asertivos a la hora de escoger las acciones que debemos llevar a cabo para ello. Se llega también a una autentica madurez, personal y espiritual en la que estamos más concentrados y podemos controlar el cauce de nuestros pensamientos para hacer simplemente de "espectadores" sin aferrarse al constante parloteo de la mente. En general hay mayor tranquilidad, paz y confianza en nuestra voz interior.

¿QUÉ SUCEDE CUANDO ESTA DESEQUILIBRADO?

Cuando AJNA este desequilibrado puede haber una sensación de que nuestros pensamientos esta descontrolados, hay pesadillas, paranoias y en general la mente esta desequilibrada, también se puede ver el desequilibrio cuando hay exceso de razón y de querer darle explicación absolutamente a todo lo que sucede, llevándolo todo a un exceso de pensamiento.

En la parte física hay dolores de cabeza, confusión mental, falta de enfoque, pesadillas, problemas de la visión, tensión, estrés, ansiedad o pánico, la intuición puede sentirse nublada y podemos encontrarnos atrapados en patrones de pensamiento limitantes.

IDEAS PARA EQUILIBRAR A AJNA

Para equilibrarlo es bueno:

- Le meditación, ya sea guiada o poniendo nuestra atención en el tercer ojo, visualizando una luz índigo, brillante que limpia y activa este chakra, también ayuda visualizar su loto.
- Ver mándalas o formas geométricas.
- Tomar conciencia de la función de este chakra y de cómo lo tenemos; es importante ver que está fallando en este chakra y tomar la decisión de hacer las cosas por mejorarlo. Ejemplo: si vemos que somos muy mentales y razonales, hacer ejercicios que le den apertura a nuestra intuición conectando y sintiendo más con el corazón.
- Frase de afirmación: decir las frases de poder y conciencia de este chakra como, por ejemplo: "Abro mi intuición y mi mente al máximo", "yo veo".
- Mantras: Cantar los mantras "Ham" y "Ksham" para purificar y equilibrar los pétalos del loto de Ajna.
- Posturas de yoga como la postura del niño (Balasana) y la postura del delfín (Ardha Pincha

Mayurasana) pueden estimular este centro de energía.

- Terapias de Luz y Cristales: Usar cristales como la amatista y el lapislázuli, o practicar la cromoterapia con luz índigo, puede ser muy beneficioso.
- Prácticas de Introspección: Mantener un diario de sueños, realizar ejercicios de visualización y dedicar tiempo a la introspección y el estudio espiritual.
- Escuchar música suave que tenga algún sonido que evoque otros mundos.
- Hacer movimientos suaves con la cabeza, mientras se cierran los ojos y se lleva toda la energía al entrecejo.
- Jugar a averiguar qué carta hay encima de una baraja, ya sea con cartas normales, oráculos o tarot.
- Practicar juegos de intuición y telepatía.
- Hacer actividades que impliquen fortalecer la intuición, meditar, concentrarse en el tercer ojo, tarot.
- Usar los cristales asociados a este chakra, como: la cianita y la sodalita.
- Usar los aromas asociados a este chakra como: lavanda, menta, jazmín que ayudan a armonizar este centro energético.
- Incluir alimentos como: arándanos, uvas, moras, especias y vino.
- Meditar con el sonido primario de este chakra, si se puede visualizar su loto mucho mejor.
- Vestir ropa de color purpura o violeta.
- Ejercitar con yoga las zonas de influencia de este chakra: toda la cabeza, nariz, ojos, oídos,

nuca, hemisferios cerebrales, hipotálamo y tronco del cerebro.

- Repetir las afirmaciones de este chakra:
    1. Mi tercer ojo intuye el conocimiento interior.
    2. Acepto que soy un ser limitado e infinito.
    3. Escucho mi intuición y le doy cabida en mi vida.
    4. Yo encuentro sabiduría en el pasado y curación en el presente.
    5. Soy un ser de luz y amor.
    6. Confío plenamente en mi intuición y mi sabiduría interior.

CAPÍTULO 8
SÉPTIMO CENTRO DE PODER CHAKRA CORONA (SAHASRARA):

Chakra corona (Sahasrara):

Chakra 7, chakra corona. SAHASRARA es el séptimo y más elevado de los chakras en el sistema de energía del cuerpo, se encuentra en la parte superior de la cabeza y es considerado el centro de la espiritualidad, la iluminación y la conexión con lo divino.

Este asociado con el conocimiento, la comprensión y todo lo que tenga que ver con la mente. Nuestra unión con el universo, la voluntad y la inspiración.

Su color es el color violeta, blanco o dorado.

Se dice que entre sus funciones esta la trascendencia de la consciencia y la conexión con la divinidad, y el elemento con el cual se le asocia es el espacio.

Está asociado o conectado con el dios Parama Shiva y el mantra que se utiliza para su despertar es "OM".

Físicamente se le relaciona con el cerebro, glándula pituitaria y con el cuerpo energético.

¿Por qué es importante este centro energético?

Sahasrara es importante porque conecta el espíritu con la energía del cosmos y lo divino nos ayuda a transformarnos, elevando nuestra inspiración y estado de conciencia, abriéndonos al amor universal que es también el amor propio, dándonos sentido de nuestra propia divinidad.

Los aspectos más relevantes de su importancia son:

1. **Conexión espiritual:** este círculo energético es el portal a la conciencia superior y a la unión con lo divino, con el experimentamos una conexión profunda con el universo y el yo superior.
2. **Iluminación y sabiduría:** Cuando este círculo energético se encuentra equilibrado y abierto permite la llegada de los pensamientos sabios, aportándonos una comprensión más profunda. Además, ayuda a ver más allá de las ilusiones materiales y comprender las verdades universales.
3. **Paz interior:** Al conectar con lo divino y alcanzar una mayor comprensión de la

existencia, se puede experimentar una sensación de paz y tranquilidad mental.

4. **Claridad y conciencia:** Este círculo energético equilibrado nos aporta claridad mental la cual ayuda a expandir la conciencia, superando limitaciones del ego, contribuyendo a ver las cosas desde una perspectiva más amplia y elevada.

5. **Integración de la energía:** Sahasrara es el punto de entrada de la fuerza vital y espiritual que viene del universo, integrándola con la energía propia que circula por todo el cuerpo energético a través de los demás chakras, permitiendo un flujo armonioso a través de todo este sistema energético del cuerpo.

CARACTERÍSTICAS PRINCIPALES

CHAKRA DE LA CORONILLA O CORONA es el chakra de la unidad y la trascendencia.

Color asociado	Violeta, morado, blanco y dorado
Nombre en sanscrito	Sahasrara.
Mantra central	AUM.
Nota musical	Si.
Ubicación	Parte superior de la cabeza. Está abierto hacia arriba,

Función	conectando con energías superiores. Este chakra conecta con las energías superiores, con el universo, con Dios, con la esencia de lo que somos, con el "yo soy". Va más allá del personaje, conectándonos con la esencia. Se dice que entre sus funciones esta la trascendencia de la consciencia y la conexión con la divinidad, y el elemento con el cual se le asocia es el espacio.
Fuerzas Positivas	Visión positiva de la vida, claridad de espíritu, empatía, compasión, intuición y mayor sentido de propósito.
Afirmación larga	"Yo soy uno con el todo."
Afirmación corta	"Yo soy."
Significado	Conocimiento, el derecho de aspirar. Dedicación a la Conciencia Divina y la confianza en el Universo. Aprendizaje sobre la espiritualidad propia, nuestra conexión al concepto de "Dios" o de la Inteligencia Suprema. Integración de nuestra conciencia y subconsciencia hacia la Super conciencia.

Síntomas del desequilibrio	Dolores de cabeza, foto sensibilidad, desórdenes mentales, neuralgia senil, desordenes de los laterales derecho o izquierdo del cerebro y problemas de coordinación. Epilepsia, venas varicosas, y problemas de vasos sanguíneos, alergias en la piel.
Estimulantes	Concentración en los sueños, escribir sobre los sueños, visiones e inventos, comidas y bebidas de color violeta. Ropas y gemas violetas. El uso de aceites violetas como los de lavanda y jazmín.
Glándula	Pineal.
Hormona	Serotonina.
Órganos	Cerebro, glándula pituitaria y cuerpo energético.
Sentido	Conciencia universal.
Aromas	Incienso, sándalo, loto, nardo, mirra, rosa, lavanda.

Piedras	Cristal de cuarzo, moldavita, amatista, fluorita, howlita, piedra luna, labradorita, perlas.
Elemento	Espacio.
Astrología	Sol y Plutón.
Metal	Oro.
Yantra	 Se describe como una flor de loro de 1.000 pétalos de diferentes colores. Estos pétalos están dispuestos en 20 capas, cada capa con aproximadamente 50 pétalos.
Deidad	Parama Shiva
Alimentos	Se recomienda hacer ayuno y tomar el sol.

Cuando está en equilibrio	Se va más allá del personaje, es la presencia del ser eterno. Se conecta con la sabiduría, la comprensión de las cosas desde un nivel más elevado. Se eleva la consciencia, maestría interior, estado de plenitud. Conecta con el tiempo presente, con nuestra verdadera identidad y se entiende el sentido de la existencia.
Cuando está en desequilibrio	Falta de comprensión de la espiritualidad, visión materialista de la vida. Perdida del vínculo con su esencia autentica, demasiado ego, perdiendo la historia de su vida, creyéndose el centro del universo o lo único que existe. A nivel físico se puede dar insomnio, dolores de cabeza, desordenes en el sistema nervioso, histeria, posesión, obsesión, neurosis, disfunciones sensoriales.

Sahasrara

MANTRA CENTRAL: AUM

Yantra: Se describe como una flor de loto con 1.000 pétalos de diferentes colores. Estos pétalos están dispuestos en 20 capas, cada capa con aproximadamente 50 pétalos.

Color: Violeta, blanco o dorado.

- **Acción física:** Meditación.
- **Acción mental:** Conciencia
- **Acción emocional:** Asumir identidad
- **Acción interna:** Liberación.

Función: Trascendencia de la consciencia y la conexión con la divinidad, y el elemento con el cual se le asocia es el espacio.

Deidad: Parama Shiva.

Nota musical: Si.

Piedras: Cristal de cuarzo, moldavita, amatista, fluorita, howlita, piedra luna, labradorita, perlas.

Elemento: Espacio.

Astrología: Sol y Plutón.

Metal: Oro.

Fuerzas positivas: Vision positiva de la vida, claridad de espíritu, empatía, compasión, intuición y mayor sentido de propósito.

Localizacion: Parte superior de la cabeza. Está abierto hacia arriba, conectando con energías superiores.

Glándula: Pineal.

Hormona: Serotonina.

Sentido: Conciencia universal.

Aromas: Loto, sándalo, mirra e incienso.

AFIRMACIONES

- Dejo que desde mi interior se proyecte mi inspiración.
- Estoy abierto al poder curativo del espíritu que trabaja en mi vida.
- Lo divino guía mis pasos y dirige mis palabras.
- Me libero del miedo, la duda y el dolor.
- Reconozco mi propia verdad.
- Estoy en sintonía con la energía universal y me abro a la sabiduría divina
- Confio en mi conexion espiritual.

¿CÓMO ARMONIZAR ESTE SÉPTIMO CHAKRA?

Este es el séptimo circulo energético se llama Sahasrara y significa multiplicado por mil, está representado por un loto de mil pétalos, se encuentra situado en la coronilla o parte superior de la cabeza, sus arquetipos son el gurú y el iluminado, los temas centrales de activación son el entendimiento, la iluminación y la liberación, es el chakra de la conexión con lo divino, que nos lleva a un entendimiento profundo de nuestro propósito de vida y su relación con el universo.

El séptimo chakra, SAHASRARA está relacionado con el Yo comprendo y nuestra conexión con la divinidad.

¿CÓMO SABER CUANDO ESTA EQUILIBRADO?

Cuando Sahasrara esta equilibrado hay una sensación paz interior, equilibrio emocional y espiritual en el cual se comprende que hacemos parte del todo universal.

Todo fluye adecuadamente, es decir que las cosas vienen y van, pero esto no es motivo para afectar la paz interior, se obtiene más comprensión de esto y claridad, también suele tenerse un fuerte sentido de nuestro yo espiritual y podemos conectar inmediatamente con él y relacionarnos desde ahí con todo lo que nos rodea.

¿QUÉ SUCEDE CUANDO ESTA DESEQUILIBRADO?

Cuando Sahasrara está en desequilibrio hay dificultad para pensar de forma autónoma, hay actitud de dominar y manipular a los demás para que acepten nuestras ideas así no estemos seguros de ellas, impera la necesidad de tener la razón.

También hay una gran desconexión con nuestro yo interno y nuestro yo espiritual, conectado más con nuestro yo intelectual, generando sensación de angustia, cansancio, ansiedad, estrés, depresión, además de ser extremadamente controladores con todo lo que sucede en nuestra vida y la de los demás, no hay confianza en los procesos universales, apoderándose de nosotros el miedo, la frustración y la inseguridad, afectando con ello toda nuestra energía.

IDEAS PARA EQUILIBRAR A SAHASRARA

Para equilibrarlo es bueno:

- Estar en contacto con la naturaleza, en silencio, permanecer en estado de contemplación.
- Permanecer en una postura cómoda, durante bastante tiempo, siendo consciente de todas y cada una de las partes del cuerpo, prestando atención a la respiración.
- Meditar, orar o hacer cualquier actividad que conecte con la espiritualidad.
- Usar los cristales asociados a este chakra como amatista, cuarzo blanco, labradorita y piedra luna.
- Usar los aromas asociados a este chakra como loto y sándalo ayudan a equilibrar y armonizar.
- Hacer ayunos periódicos o intermitentes (siempre siguiendo las recomendaciones médicas al respeto y según tu estado de salud).

- Meditar en silencio visualizando el loto de este chakra, ir al estado de quietud donde ya no hay pensamientos. Debajo de las capas, del cuerpo, las emociones y la mente.
- Vestir ropa de color blanco que conecte con la pureza de este chakra.
- Ejercitar a través del yoga las zonas de influencia de este chakra: toda la parte superior de la cabeza y el cerebro.
- La observación de nosotros mismos en el tiempo presente, de manera objetiva, explorando nuestros pensamientos, sentimientos y haciendo conciencia de la manera en la que actuamos en cada momento, de esta manera podemos conocernos y estar más cerca a nuestro verdadero ser.
- Contemplar y ver las cosas como son, sin juzgarlas, disfrutando de su naturaleza, sin imponer juicios mentales.
- Repetir las afirmaciones de este chakra:
  1. Dejo que desde mi interior se proyecte mi inspiración.
  2. Estoy abierto al poder curativo del espíritu que trabaja en mi vida.
  3. Lo divino guía mis pasos y dirige mis palabras.
  4. Me libero del miedo, la duda y el dolor.
  5. Reconozco mi propia verdad.
  6. "Estoy en sintonía con la sabiduría y la energía universal y permito que me guíen en mi vida diaria."

CAPÍTULO 9
REFLEJO Y ESPEJO
RELACIÓN DE LOS CENTROS ENERGÉTICOS INFERIORES CON LOS CENTROS ENERGETICOS SUPERIORES

Reflejo y Espejo

Los chakras superiores e inferiores se relacionan a través de un delicado equilibrio y reflejo mutuo, donde cada uno influye en el funcionamiento del otro. Este equilibrio integral es fundamental para el bienestar físico, emocional, mental y espiritual.

Cada par de chakras (inferior y superior) actúa como un espejo en el sentido de que el estado de uno influye y refleja el estado del otro. El equilibrio en uno ayuda a mantener el equilibrio en su correspondiente opuesto, creando una armonía integral en todo el sistema energético del cuerpo.

Los centros de poder inferiores (Muladhara, Svadhisthana, Manipura) y los centros energéticos superiores (Vishuddha, Ajna, Sahasrara) están interconectados y se influyen mutuamente en varios niveles, la relación entre ellos puede entenderse mejor a través de la idea de equilibrio y cómo cada chakra refleja y complementa a otro.

El chakra del corazón Anahata integra y equilibra a los chakras superiores e inferiores.

Los pares de chakras pueden identificarse en función de su correspondencia y relación complementaria entre los chakras superiores e inferiores. Aquí están los pares de chakras y la forma en que se correlacionan o asocian:

1. Chakra Raíz (Muladhara) y Chakra Corona (Sahasrara):

- Muladhara (Chakra Raíz): Situado en la base de la columna vertebral, se relaciona con la seguridad, la estabilidad, las necesidades básicas y la conexión con la tierra.
- Sahasrara (Chakra Corona): Situado en la parte superior de la cabeza, se relaciona con la espiritualidad, la iluminación, la conciencia superior y la conexión con lo divino.

Relación: El chakra raíz proporciona la base y la estabilidad necesarias para la apertura del chakra corona. Sin una base sólida (raíz), la conexión espiritual (corona) puede ser desequilibrada y desconectada de la realidad física. Ambos se equilibran, ya que una conexión espiritual profunda requiere una base sólida y viceversa.

Este par refleja el equilibrio entre la conexión con la tierra y la conexión con el cielo, integrando la estabilidad física con la trascendencia espiritual.

2. Chakra Sacro (Svadhisthana) y Chakra del Tercer Ojo (Ajna):

- Svadhisthana (Chakra Sacro): Situado justo debajo del ombligo, se relaciona con la creatividad, la sexualidad y las emociones.
- Ajna (Chakra del Tercer Ojo): Situado en el entrecejo, se relaciona con la intuición, la percepción y la sabiduría interior.

Relación: La energía creativa y emocional del chakra sacro alimenta la percepción intuitiva y la sabiduría del tercer ojo. La creatividad y la emoción bien equilibradas permiten una mayor intuición y percepción clara. Por otro lado, una percepción clara y una intuición desarrollada pueden guiar la expresión creativa y emocional de manera armoniosa.

Este par equilibra la creatividad y las emociones con la percepción intuitiva y la sabiduría interior, integrando la expresión emocional con la visión intuitiva.

3. Chakra del Plexo Solar (Manipura) y Chakra de la Garganta (Vishuddha):

- Manipura (Chakra del Plexo Solar): Situado en la región del estómago, se relaciona con el poder personal, la voluntad y la autoestima.
- Vishuddha (Chakra de la Garganta): Situado en la garganta, se relaciona con la comunicación, la expresión y la verdad.

Relación: Un fuerte sentido de poder personal y autoestima (plexo solar) permite una comunicación clara y auténtica (garganta). Cuando una persona se siente segura y poderosa, es más capaz de expresar su verdad con confianza. A la inversa, la capacidad de expresarse claramente y ser escuchado fortalece el sentido de poder personal y autoestima.

Este par refleja el equilibrio entre el poder personal y la expresión auténtica, integrando la fuerza de voluntad con la capacidad de comunicarse claramente.

4. Chakra del Corazón (Anahata):

- Anahata (Chakra del Corazón): Situado en el centro del pecho, se relaciona con el amor, la compasión y el equilibrio.

Relación Integradora: Anahata actúa como un puente que equilibra las energías de los chakras inferiores y superiores, conectando el amor y la compasión con todas las dimensiones de la experiencia humana y espiritual.

Relación con los Chakras Inferiores y Superiores: El corazón equilibra las energías físicas de los chakras inferiores (seguridad, creatividad y poder personal) con las energías espirituales de los chakras superiores (comunicación, intuición y espiritualidad). Al mantener el corazón abierto y equilibrado, facilita la integración y armonización de todas las energías del cuerpo, este círculo energético actúa como un puente entre los chakras superiores e inferiores, integrando las energías físicas y espirituales. Es el centro del amor, la compasión y la conexión, y equilibra las necesidades terrenales con las aspiraciones espirituales.

Estos pares de chakras reflejan la importancia de mantener un equilibrio y una conexión armoniosa entre las energías físicas y espirituales (como es arriba es abajo) para un bienestar integral.

CAPÍTULO 10
LA DANZA DE LOS CHAKRAS: RITUAL DE ARMONIZACIÓN ENERGÉTICA

Este ritual se comenzará un día lunes y se terminará un día domingo, puede repetirse cada que lo necesite, para mejor sintonía se recomienda hacerlo una semana por mes, la idea es que te tomes tu tiempo para escribir en las hojas cada uno de los puntos que te voy a explicar a continuación, al finalizar este ejercicio debes quemar las hojas, luego enterrar las cenizas en un árbol o maceta, la idea es hacernos conscientes de los aspectos de nuestro ser que debemos alinear, y dejar los malos patrones como abono a nuestro crecimiento holístico.

Materiales Necesarios:

- Hojas de colores de los chakras:
  Roja: Muladhara
  Naranja: Svadhisthana
  Amarilla: Manipura
  Verde o Rosada: Anahata
  Azul: Vishuddha
  Purpura: Ajna
  Blanca: Sahasrara
- Ropa de colores asociada a cada chakra, descrito anteriormente.
- Incienso y velas de colores de los chakras descritos anteriormente (1 vela por cada chakra).

- Aceites esenciales correspondientes a cada chakra, hay muchas opciones dadas en el libro para escoger.
- Cenizas recolectadas en la semana de armonización energética.
- Una maceta pequeña o un espacio en tu jardín
- Tierra fértil.
- Semillas de una planta de tu elección (preferiblemente una que simbolice renovación o transformación, como la lavanda o la albahaca)
- Un cuenco de cristal con agua.
- Un cuarzo amatista (para transmutación y purificación).
- Una vela blanca (para pureza y claridad).
- Bolígrafo
- Un plato pequeño de cerámica.
- Salvia o palo santo para sahumar.
- Unas gotas de aceite esencial de romero (para claridad mental y protección)

Instrucciones:

Este ritual comenzara un lunes y terminara un domingo.

Cada día se pretende trabajar en armonizar un centro de poder, también es una forma de concientizar en que debemos ritualizar el vivir cada día.

Comenzaremos preparando el espacio donde realizaremos nuestra semana de ritual, el lugar debe estar limpio y ordenado, debe ser un lugar donde te sientas cómodo y tranquilo.

Preparación del Espacio:

- Encuentra un lugar tranquilo donde puedas realizar el ritual sin interrupciones, puede ser el lugar donde medites.
- Limpia energéticamente el espacio sahumando con salvia o palo santo, antes de cada sección (recuerda que será durante 7 días).
- Coloca todos los materiales frente a ti en un altar o superficie plana.

RITUAL

- Comienza el día con energía positiva (Lu, Ma, Mi, Ju, Vi, Sa, Do), agradece, todo lo bueno y haz movimientos u ejercicios que activen el chakra en cuestión a trabajar.
- Hoja de color y vela de color correspondiente a cada día y chakra a trabajar, se comenzará el lunes con el chakra 1 Muladhara y se terminará domingo con el chakra Sahasrara.
- Aroma correspondiente a cada chakra (úsalo como perfume durante el día).
- Viste ropa y accesorios del color del chakra del día.
- Incluye en tu dieta alimentos asociados al chakra del día.
- Durante el día repite el mantra del chakra a trabajar y una o varias afirmaciones.
- En la noche toma un espacio para meditar y conectar con la energía del chakra que se esté trabajando, prende la vela correspondiente y el incienso, coloca alguna piedra asociada a esté

chakra, siéntate en una posición cómoda y cierra los ojos, toma unas respiraciones profundas y visualiza una luz blanca envolviéndote, purificando tu energía, aportando paz, tranquilidad y calma, visualiza el loto del chakra a trabajar, siente que sensación te genera en tu cuerpo, entona su mantra.

1. Lunes (Muladhara): conecta con su elemento (tierra), cuando te sientas conectado con tu centro energético abre los ojos y escribe en el papel todo aquello que te da miedo, que te genera inseguridad y temor, recuerda escribir de forma positiva; ejemplo "gracias porque siento que a partir de este día voy a entender y procesar mejor mi miedo a:_____).

2. Martes: Conecta con el elemento (Agua) y cuando te sientas conectado con tu centro energético, abre los ojos y escribe en el papel todo aquello que te produce culpa, todo lo que sientes que has fallado, todo en lo que te has equivocado, y en lo que afectaste a otros.

3. Miércoles (Manipura): Conecta con su elemento (Fuego), cuando te sientas conectado con tu centro energético abre los ojos y escribe en el papel todo aquello que te causa vergüenza, todo aquello que te da pena mostrar a los demás, que te hace sentir inseguro.

4. Jueves (Anahata): Conecta con su elemento (Aire), cuando te sientas conectado. con tu centro energético abre los ojos y escribe en

el papel todo aquello que te ha causado dolor y que te duele, todo lo que te ha causado daño o malestar, generándote tristeza, enojo, angustia o ansiedad (escribe las situaciones y personas), también escribe aquellas situaciones en las que has herido a otros y les has causado daño.

5. Viernes (Vishuddha): Conecta con el elemento (Éter), cuando te sientas conectado con tu centro energético abre los ojos y escribe en el papel todo lo que te cuesta decir o nombrar, todas las veces que has mentido o engañado a alguien y en las que has sentido te engañaron, mintieron y traicionaron.

6. Sábado (Ajna): Conecta con el elemento (Luz), cuando te sientas conectado con tu centro energético abrirás los ojos y escribirás en el papel todo lo que te causa crítica y juicios, todo lo que has supuesto sin fundamento de otros y de ti mismo, también escribe todas esas cosas por las que te has sentido criticado y juzgado.

7. Domingo (Sahasrara): Conecta con el elemento (Espacio), cuando te sientas conectado con tu centro energético abrirás los ojos y escribirás en el papel todo por lo que sientes apego, todo lo que no eres capaz de soltar (personas, situaciones y cosas).

- Terminaras guardando unos minutos de silencio para integrar las emociones vividas en la escritura.

- Darás gracias por hacerlas presente, soltarlas y sanarlas.
- Meditaras entonando el mantra correspondiente al chakra del día.
- Finalizaras quemando la carta escrita en la vela y dejando consumir en el plato de cerámica.
- Por último, debes integrar las cenizas y la esperma de los 7 días de sanación y armonización, realizando una siembra amorosa de una planta, la cual deberás cuidar, la veras crecer y transmutar todo lo que has dejado atrás. recuerda dar las gracias por la oportunidad de soltar y sanar y transformar tu vida. (esta planta es un compromiso contigo, cuídala bien).

Ritual de Siembra para Transmutar la Energía

Siembra de Nuevas Intenciones:

- Llena la maceta con tierra fértil, mezclándola con las cenizas recolectadas durante la semana.
- En el fondo de la maceta o donde sembraras tu planta ubicaras la esperma residual de las velas, la ubicaras con piedras.
- Toma las semillas y sostenlas en tus manos. Cierra los ojos y visualiza tus nuevas intenciones y energías positivas que deseas manifestar.
- Planta las semillas en la tierra, cubriéndolas con cuidado.

Bendición del Agua:

- Llena el cuenco de cristal con agua.

- Sostén el cuenco con ambas manos y visualiza una luz dorada llenando el agua, purificándola y cargándola con energía positiva.
- Rocía unas gotas de agua bendecida sobre la tierra donde plantaste las semillas, diciendo: "Que esta agua bendecida nutra estas semillas de intención y las haga crecer fuertes y llenas de energía positiva.

Cierre del Ritual:

- Agradece a los elementos y al universo por su apoyo en el ritual.
- Deja que la vela se consuma completamente.
- Coloca la maceta en un lugar donde pueda recibir luz solar y cuídala regularmente, regándola y prestando atención a su crecimiento.

Reflexión y Seguimiento

- Observa el crecimiento de las plantas como un símbolo del crecimiento y transformación en tu vida.
- Mantén una actitud positiva y abierta a las nuevas oportunidades que se presenten.
- Medita regularmente cerca de tu planta, recordando tus intenciones y la energía positiva que has sembrado.
- Riega constantemente tu planta con agua que has bendecido previamente.
- Abona tu planta con amor, buenas intenciones, palabras motivadoras y con abonos que le aporten nutrientes.

- Dale regalos a tu planta (entrégale ofrendas constantemente)

Este ritual de siembra no solo ayuda a transmutar energías negativas, sino que también establece un nuevo comienzo, simbolizado por el crecimiento de las plantas a partir de tus intenciones positivas.

CAPÍTULO 11
SÍMBOLOS DE SABIDURÍA: TAROT Y CHAKRAS EN ARMONÍA

El tarot es una herramienta poderosa de armonización de nuestros círculos energéticos, debido a que los arcanos mayores y menores son arquetipos de la personalidad y los chakras están ligados a aspectos de nuestra conducta según se encuentren en armonía o desarmonía.

Armonizar los chakras con el tarot es una práctica activa que combina la energía simbólica de las cartas del tarot con el sistema de chakras para promover el equilibrio y la curación.

Correspondencias entre Chakras y Cartas del Tarot

Primero, es útil conocer las correspondencias entre los chakras y las cartas del tarot, a continuación, te enlisto las asociaciones correspondientes de los chakras y el tarot.

MULADHARA Y EL TAROT:

Tarot: palo de oros y el emperador.

El chakra raíz, conocido como Muladhara, el palo de Oros y la carta del Emperador en el tarot están interconectados a través de temas de seguridad, estabilidad, materialidad, poder, estructura y fundamentos. Aquí se detallan las características de cada uno y cómo se interrelacionan:

Chakra Raíz (Muladhara)

Temas: Seguridad, estabilidad, supervivencia, conexión con la tierra.

Aspectos:

- Seguridad y estabilidad.
- Supervivencia y necesidades básicas.
- Fundamentos y enraizamiento.
- Vitalidad física y energía.
- Materialidad y posesiones.
- Instinto de supervivencia.

El Emperador

Arquetipo: El padre, la autoridad, la estructura, el poder (el gobernante).

Aspectos:

- Poder y control.
- Autoridad y liderazgo.
- Estructura y organización.
- Responsabilidad y disciplina.
- Protección y estabilidad.
- Fundamentos sólidos.

Palo de Oros

Elemento: Tierra.

Aspectos:

- Materialidad y recursos.
- Seguridad financiera y estabilidad.
- Trabajo y esfuerzo.
- Abundancia y prosperidad.
- Valores y posesiones.
- Realización tangible y resultados prácticos.

Relación entre Muladhara, el Palo de Oros y la Carta del Emperador

Seguridad y Estabilidad:

- **Muladhara:** Es el centro de la seguridad y la estabilidad, proporcionando una base sólida para el bienestar físico y emocional.
- **Palo de Oros:** Representa la seguridad financiera y la estabilidad material, fundamentales para una vida equilibrada y segura.

- **El Emperador:** Simboliza la estabilidad y la protección a través de la autoridad y el control, creando un entorno seguro y estructurado.

Fundamentos y Enraizamiento:

- **Muladhara**: Está asociado con los fundamentos y el enraizamiento, conectando con la tierra y la realidad material.
- **Palo de Oros**: Enfatiza la importancia de construir una base sólida en términos de recursos y posesiones materiales.
- **El Emperador:** Representa la construcción de una base sólida y estructurada, utilizando su poder y autoridad para establecer fundamentos firmes.

Materialidad y Recursos:

- **Muladhara:** Se relaciona con la materialidad y las necesidades básicas, asegurando que las necesidades físicas estén cubiertas.
- **Palo de Oros:** Refleja la materialidad, la abundancia y la prosperidad, enfocándose en los recursos tangibles y el éxito financiero.
- **El Emperador:** Utiliza su autoridad para manejar y proteger los recursos, asegurando que los fundamentos materiales estén bien establecidos y gestionados.

Poder y Control:

- **Muladhara:** Conecta con la energía vital y el instinto de supervivencia, proporcionando el poder y la fuerza necesarios para enfrentar desafíos.

- **Palo de Oros:** Puede reflejar el control y la gestión de recursos y posesiones materiales, mostrando cómo se utiliza el poder para mantener la estabilidad.
- **El Emperador:** Encarnación del poder y el control, utilizando su autoridad para mantener el orden y la estabilidad en su dominio.

Estructura y Organización:

- **Muladhara:** Facilita una base organizada y estructurada desde la cual se puede construir y crecer.
- **Palo de Oros:** Enfoca en la importancia de una gestión estructurada y organizada de los recursos para asegurar la prosperidad y la estabilidad.
- **El Emperador:** Simboliza la estructura, la organización y la disciplina, utilizando su liderazgo para establecer un entorno ordenado y seguro.

SVADHISTHANA Y EL TAROT:

Tarot: La Sacerdotisa, palo de copas.

El chakra sacro, conocido como Svadhisthana, la carta de La Sacerdotisa y el palo de Copas en el tarot están interconectados a través de temas de emociones, intuición, creatividad, sensualidad y el subconsciente. Aquí se detallan las características de cada uno y cómo se interrelacionan:

Chakra Sacro (Svadhisthana)

Temas: Creatividad, sexualidad, relaciones íntimas.

Aspectos:

- Creatividad y expresión artística.
- Placer, sexualidad, sensualidad, disfrute
- Emociones y sentimientos,
- Relaciones y conexiones intimas,
- Flujo y adaptabilidad,
- Amor y compasión,
- Intuición y percepción emocional,
- Curación emocional y espiritual.

La Sacerdotisa

Arquetipo: La guardiana del subconsciente, la intuición y el conocimiento oculto.

Aspectos:

- Intuición y percepción psíquica.
- Misterio y sabiduría oculta.

- Pasividad y receptividad.
- Conexión con el subconsciente.
- Silencio y contemplación.
- Emociones y sentimientos profundos.

Palo de Copas

Elemento: Agua.

Aspectos:

- Emociones y sentimientos.
- Relaciones y conexiones emocionales.
- Amor y compasión.
- Intuición y percepción emocional.
- Creatividad y expresión artística.
- Curación emocional y espiritual.

Relación entre el Chakra Sacro, La Sacerdotisa y el Palo de Copas

Emociones y Sentimientos:

- **Svadhisthana:** Es el centro de las emociones, regulando cómo sentimos y expresamos nuestras emociones.
- **La Sacerdotisa:** Simboliza la profundidad emocional y la capacidad de conectarse con sentimientos ocultos.
- **Palo de Copas:** Representa el espectro completo de las emociones humanas, desde el amor y la alegría hasta la tristeza y la melancolía.

Intuición y Conexión con el Subconsciente:

- **Svadhisthana:** Facilita la intuición y la conexión con el subconsciente a través de las emociones y sentimientos profundos.
- **La Sacerdotisa:** Es la encarnación de la intuición y el conocimiento del subconsciente, ofreciendo guía a través de la percepción psíquica.
- **Palo de Copas:** Refleja la intuición y la capacidad de sentir y percibir emocionalmente, proporcionando una guía emocional.

Creatividad y Expresión Artística:

- **Svadhisthana:** Está asociado con la creatividad y la capacidad de expresión artística, fomentando el flujo creativo.
- **La Sacerdotisa:** Puede inspirar creatividad a través del acceso a conocimientos y percepciones ocultas.
- **Palo de Copas:** Incluye cartas que simbolizan la creatividad y la expresión artística, como el As de Copas, que representa el inicio de una nueva creación.

Sexualidad y Sensualidad:

- **Svadhisthana:** Es el centro de la energía sexual y la sensualidad, regulando la expresión sexual y la intimidad.
- **La Sacerdotisa:** Representa la energía femenina y el misterio, aspectos que también

están conectados con la sexualidad y la sensualidad.

- **Palo de Copas:** Puede reflejar aspectos de la sensualidad y la intimidad emocional en las relaciones.

Relaciones y Conexiones Íntimas:

- **Svadhisthana:** Regula las relaciones íntimas y las conexiones emocionales profundas.
- **La Sacerdotisa:** Aunque es más reservada, su sabiduría y profundidad emocional pueden influir en la manera en que se forman y se mantienen las relaciones.
- **Palo de Copas:** Enfoca las relaciones emocionales y las conexiones íntimas, destacando la importancia del amor y la compasión.

MANIPURA Y EL TAROT

El chakra del plexo solar, conocido como Manipura, tiene una fuerte conexión con el palo de Bastos y la carta del Sol en el tarot a través de temas de energía, poder personal, confianza, acción, vitalidad y realización. Aquí se describen las características de cada uno y cómo se interrelacionan:

Chakra del Plexo Solar (Manipura)

Temas: Poder personal, fuerza de voluntad, identidad y autoestima, control y responsabilidad, metabolismo y energía.

Aspectos:

- Poder personal y autoestima.
- Confianza y autodeterminación.
- Energía y vitalidad.
- Acción y voluntad.
- Metabolismo y digestión.
- Crecimiento y expansión.

La carta del Sol (tarot)

Arquetipo: Éxito, el retorno, el triunfo, la claridad espiritual y la vitalidad.

Aspectos:

- Alegría y felicidad.
- Claridad y verdad.
- Realización y éxito.
- Vitalidad y energía.
- Confianza y optimismo.
- Iluminación y crecimiento.

Palo de Bastos

Elemento: Fuego.

Aspectos:

- Energía y entusiasmo.
- Creatividad y emprendimiento.
- Acción y movimiento.
- Iniciativa y ambición.
- Crecimiento y desarrollo.
- Pasión y determinación.

Relación entre Manipura, el Palo de Bastos y la Carta del Sol

Energía y Vitalidad:

- **Manipura:** Es el centro de la energía y la vitalidad en el cuerpo, impulsando la acción y el dinamismo.
- **Palo de Bastos:** Representa la energía dinámica y la vitalidad, impulsando la acción y el emprendimiento.
- **El Sol:** Simboliza la vitalidad, la energía y la vida, iluminando todo con claridad y alegría.

Poder Personal y Confianza:

- **Manipura:** Relacionado con el poder personal, la autoestima y la confianza en uno mismo.
- **Palo de Bastos:** Refleja la ambición, la determinación y la confianza necesarias para iniciar y seguir adelante con proyectos.
- **El Sol:** Representa la confianza, el éxito y la autoafirmación, iluminando el camino con seguridad y optimismo.

Acción y Voluntad:

- **Manipura:** Impulsa la acción y la voluntad, permitiendo la toma de decisiones y la dirección personal.
- **Palo de Bastos:** Enfocado en la acción, el movimiento y la realización de iniciativas y proyectos.
- **El Sol:** Indica la realización exitosa y el logro de objetivos a través de la acción decidida y la voluntad clara.

Crecimiento y Expansión:

- **Manipura**: Está asociado con el crecimiento personal y la expansión de las capacidades y habilidades.
- **Palo de Bastos:** Refleja el crecimiento, el desarrollo y la expansión en diversos aspectos de la vida.
- **El Sol:** Simboliza el crecimiento, la realización y la expansión, mostrando el éxito y la prosperidad.

Claridad e Iluminación:

- **Manipura:** Ayuda a tener claridad en la toma de decisiones y en la dirección de la vida.
- **Palo de Bastos:** Puede proporcionar claridad a través de la acción y la iniciativa.
- **El Sol:** Ofrece claridad, iluminación y verdad, revelando lo que estaba oculto y proporcionando una visión clara.

ANAHATA Y EL TAROT

El chakra del corazón, conocido como Anahata, la carta de la Templanza y el palo de Espadas en el tarot están interconectados a través de temas como el equilibrio, la armonía, la verdad, la justicia, la sanación emocional, la compasión y la resolución de conflictos. Aquí se detallan las características de cada uno y cómo se relacionan:

Chakra del Corazón (Anahata)

Temas: Amor incondicional, amor, empatía, equilibrio, armonía, perdón, conexión espiritual, compasión, autocompasión, aceptación de uno mismo y de los demás, generosidad, gratitud, sanación emocional, relaciones sanas.

Aspectos:

- Amor incondicional y compasión.
- Equilibrio y armonía.
- Sanación emocional.
- Conexión y empatía.
- Perdón y liberación.
- Equilibrio entre lo terrenal y lo espiritual.

La Carta de la Templanza (Tarot)

Arquetipo: El equilibrio, la moderación y la integración de opuestos.

Aspectos:

- Armonía y balance.
- Moderación y autocontrol.
- Integración de aspectos opuestos.
- Sanación y restauración.
- Paciencia y calma.
- Alquimia interna, la combinación de elementos para crear algo nuevo.

Palo de Espadas (Tarot)

Elemento: Aire.

Aspectos:

- Mente, intelecto y lógica.
- Verdad, justicia y claridad.
- Conflictos, desafíos y resoluciones.
- Comunicación y palabras.

- Decisiones y juicios.
- Conflictos internos y externos.

Relación entre el Chakra del Corazón, la Templanza y el Palo de Espadas

Equilibrio y Armonía:

- **Anahata:** Es el centro de equilibrio emocional y espiritual, donde se encuentra la armonía entre dar y recibir amor.
- **La Templanza:** Representa el equilibrio y la moderación, buscando la armonía entre elementos opuestos o en conflicto.
- **Palo de Espadas:** Aunque asociado con el conflicto y la lucha, también busca el equilibrio a través de la verdad y la justicia, llevando a resoluciones justas.

Sanación y Restauración:

- **Anahata:** Es fundamental en la sanación emocional, promoviendo la liberación del dolor y el perdón.
- **La Templanza:** Simboliza la sanación y la restauración, equilibrando energías y emociones para alcanzar la paz interior.
- **Palo de Espadas:** Puede representar los procesos mentales y decisiones que llevan a la sanación, así como la claridad necesaria para resolver conflictos.

Integración de Opuestos:

- **Anahata:** Integra las energías del amor terrenal y el amor espiritual, creando un puente entre los dos mundos.
- **La Templanza:** Integra opuestos y encuentra un punto medio, combinando elementos para crear algo más armonioso.
- **Palo de Espadas:** Puede involucrar la resolución de conflictos entre opuestos a través de la claridad mental y la verdad.

Verdad y Justicia:

- **Anahata:** Se relaciona con la verdad interna y la honestidad emocional, guiada por el amor y la compasión.
- **La Templanza:** Busca la justicia y el equilibrio, moderando las acciones y las emociones para alcanzar la verdad.
- **Palo de Espadas:** Es el emblema de la verdad y la justicia, usando la lógica y el intelecto para cortar a través de la confusión y encontrar la claridad.

Conflictos y Resoluciones:

- **Anahata:** Trabaja para sanar conflictos internos y externos a través del amor y la compasión.
- **La Templanza:** Se esfuerza por resolver conflictos a través de la moderación y la integración, buscando una solución pacífica y equilibrada.
- **Palo de Espadas:** Encarna la lucha y el conflicto, pero también la resolución a través de la verdad y la justicia.

VISHUDDHA Y EL TAROT

El chakra Vishuddha, también conocido como el chakra de la garganta, y la carta del Mago en el tarot están profundamente interconectados a través de temas de comunicación, manifestación, poder personal y expresión de la verdad. A continuación, te detallo cómo se relacionan:

Chakra Vishuddha (Chakra de la Garganta)

Temas: Comunicación, expresión personal, verdad, honestidad, escucha activa, creatividad, autoafirmación, claridad de pensamiento, libertad de expresión, equilibrio entre escuchar y hablar, autenticidad espiritual.

Aspectos:

- Comunicación y expresión verbal.
- Verdad y autenticidad.
- Escucha activa y comprensión.
- Autoexpresión creativa.
- Manifestación a través de la palabra.
- Integridad y honestidad.

La Carta del Mago (Tarot)

Arquetipo: El manifestador y el comunicador.

Aspectos:

- Poder personal y habilidades.
- Comunicación y uso de la palabra.
- Creatividad y acción.
- Manifestación y realización de deseos.
- Confianza y autoexpresión.

- Conexión entre lo terrenal y lo espiritual.

Correspondencias entre Vishuddha y El Mago

Comunicación y Expresión

- **Vishuddha:** Es el centro de la comunicación y la autoexpresión, facilitando la claridad y la autenticidad en lo que decimos.
- **El Mago:** Representa el dominio de la comunicación y la habilidad de utilizar el lenguaje y la palabra para influir en su entorno. El Mago se expresa con claridad y poder, haciendo que sus ideas y deseos se manifiesten en la realidad.

Manifestación a través de la Palabra

- **Vishuddha:** La manifestación en Vishuddha se logra a través de la palabra hablada, el poder de decretar y declarar la verdad y los deseos al universo.
- **El Mago:** Es el arquetipo de la manifestación. Utiliza sus herramientas (los cuatro elementos representados en su mesa) y su voluntad para traer lo que desea al mundo físico, lo cual está directamente relacionado con su capacidad de comunicar y enfocar su intención.

Poder Personal y Autenticidad

- **Vishuddha:** Cuando este chakra está equilibrado, permite a una persona hablar y actuar desde un lugar de poder personal y autenticidad, expresando su verdad sin miedo.
- **El Mago:** Refleja el poder personal en acción. Su habilidad para manifestar y crear está

basada en su autoconfianza y en la autenticidad de su propósito. El Mago es consciente de su poder y lo utiliza con maestría.

Creatividad y Autoexpresión

- **Vishuddha:** Este chakra también se relaciona con la autoexpresión creativa, no solo a través del habla, sino también a través de cualquier medio de comunicación artística.
- **El Mago:** Es la encarnación de la creatividad en acción. Usa su conocimiento y habilidades para crear y transformar, demostrando que la verdadera creatividad surge cuando uno se expresa con confianza y claridad.

Integridad y Honestidad

- **Vishuddha:** Fomenta la integridad y la honestidad, no solo en lo que decimos, sino también en cómo vivimos nuestras vidas.
- **El Mago:** Para manifestar de manera efectiva, el Mago debe estar alineado con su verdad interior, actuando con integridad y utilizando su poder de manera ética.

AJNA Y EL TAROT

El chakra Ajna, también conocido como el tercer ojo, y la carta del Ermitaño en el tarot están profundamente conectados a través de temas como la introspección, la sabiduría interior, la visión clara, la intuición y la búsqueda de la verdad. Aquí te detallo cómo se relacionan:

Chakra Ajna (Tercer Ojo)

Temas: Intuición, clarividencia, percepción espiritual, conocimiento interior, sabiduría, imaginación, visualización, claridad mental, discernimiento, conciencia, autoconocimiento, equilibrio con la mente racional y espiritual, desapego, consciencia de la unidad, conexión con el ser superior.

Aspectos:

- Intuición y percepción.
- Sabiduría interior.
- Claridad mental y visión interior.
- Conexión con la intuición y la guía espiritual.
- Percepción más allá de lo físico.
- Discernimiento y comprensión profunda.

Carta del Ermitaño (Tarot)

Arquetipo: El buscador de sabiduría y el maestro interior.

Aspectos:

- Introspección y reflexión.
- Búsqueda de la verdad y la sabiduría.

- Soledad y aislamiento para el autoconocimiento.
- Claridad mental y discernimiento.
- Guía interna y espiritualidad.
- Luz interior como fuente de conocimiento.

Correspondencias entre Ajna y El Ermitaño

Introspección y Sabiduría Interior

- **Ajna:** Es el centro de la percepción interna, donde se desarrolla la capacidad de ver más allá de lo visible y acceder a la sabiduría interior.
- **El Ermitaño:** Representa la búsqueda de la verdad y la sabiduría a través de la introspección y el retiro. El Ermitaño se retira del mundo exterior para encontrar respuestas en su interior, iluminado por su propia luz interna.

Intuición y Visión Clara

Ajna: Es el asiento de la intuición y la visión clara, proporcionando una percepción profunda que va más allá de los sentidos físicos.

El Ermitaño: Refleja la importancia de la intuición y la guía interna. Su lámpara representa la luz de la sabiduría y la intuición que ilumina el camino en la oscuridad de la incertidumbre.

Claridad Mental y Discernimiento

Ajna: Facilita la claridad mental y el discernimiento, permitiendo que la mente se eleve por encima de las ilusiones y vea la verdad.

El Ermitaño: Se asocia con la claridad que surge de la reflexión profunda y la meditación. Su aislamiento es una forma de purificar la mente y alcanzar un nivel más alto de discernimiento.

Guía Espiritual y Conexión Interior

- **Ajna:** Conecta al individuo con su guía espiritual y su sabiduría interior, ayudando a navegar el mundo desde un lugar de conocimiento profundo.
- **El Ermitaño:** Es un símbolo de la guía espiritual que viene de adentro. Es un maestro que, a través de la soledad y la introspección, ha encontrado la conexión con lo divino y ahora sigue su luz interna.

Búsqueda de la Verdad y Autoconocimiento

- **Ajna:** Facilita la búsqueda de la verdad, ayudando a percibir más allá de las apariencias y a comprender el significado más profundo de las experiencias.
- **El Ermitaño:** Simboliza la búsqueda del autoconocimiento y la verdad. A través de su viaje interior, el Ermitaño descubre las verdades fundamentales de la existencia y el propósito de la vida.

SAHASRARA Y EL TAROT

El chakra Sahasrara, también conocido como el chakra de la corona, y la carta del Mundo en el tarot están profundamente conectados a través de temas de realización espiritual, conexión divina, plenitud y la integración de la experiencia total. Aquí te detallo cómo se relacionan:

Chakra Sahasrara (Chakra de la Corona)

Temas: Conexión espiritual, iluminación, unidad y totalidad, conciencia universal, transcendencia del ego, sabiduría divina, paz y serenidad, libertad espiritual, devoción y gratitud, integración de todos los chakras.

Aspectos:

- Conexión con lo divino y la conciencia universal.
- Iluminación espiritual y realización.
- Unidad y totalidad.
- Sabiduría superior y conocimiento trascendental.
- Despertar espiritual.
- Integración de todos los niveles de ser.

La Carta del Mundo (Tarot)

Arquetipo: La culminación y la realización.

Aspectos:

- Compleción y logro.
- Unidad e integración de todas las partes.
- Conexión con lo universal y lo eterno.
- Realización personal y espiritual.

- Cierre de un ciclo y el comienzo de uno nuevo.
- Éxito, plenitud y armonía.

Correspondencias entre Sahasrara y El Mundo

Conexión con la Conciencia Universal

- **Sahasrara:** Es el punto de conexión con la conciencia universal y lo divino, representando la unión con lo trascendental y la comprensión de que todo está interconectado.
- **El Mundo:** Representa la integración de todas las experiencias y la conexión con lo universal. Es la carta de la realización completa, donde el individuo se reconoce como parte de un todo mayor.

Realización y Plenitud

- **Sahasrara:** Es el centro de la realización espiritual, donde se experimenta la plenitud y el despertar. A través de este chakra, uno alcanza el entendimiento de la verdadera naturaleza del ser.
- **El Mundo:** Simboliza la realización total y la culminación de un viaje espiritual o personal. Es la carta que representa la plenitud en todos los niveles, el éxito total y la satisfacción completa.

Unidad y Totalidad

- **Sahasrara:** Este chakra representa la unidad con el universo y la totalidad del ser. Es el punto donde se disuelven las dualidades y se experimenta la unidad con todo lo que existe.
- **El Mundo:** En esta carta, todo se une en un ciclo completo, simbolizando la unidad de todas

las experiencias y la armonía alcanzada a través de la integración. Es el punto culminante donde todo se une y se comprende en su totalidad.

Iluminación y Sabiduría Superior

- **Sahasrara:** Es el centro de la iluminación, donde se accede a la sabiduría superior y al conocimiento trascendental. Es el chakra que nos conecta con la conciencia más elevada.
- **El Mundo:** Representa la sabiduría que se adquiere al completar un ciclo o una lección de vida. La figura central en la carta del Mundo está rodeada por los símbolos de los cuatro elementos o evangelistas, indicando una comprensión completa y equilibrada del universo.

Integración de Todos los Niveles del Ser

- **Sahasrara:** En este chakra, se integran todos los niveles del ser, desde lo físico hasta lo espiritual, permitiendo una experiencia completa de la existencia.
- **El Mundo:** Refleja la integración de todas las partes del yo y de la vida. En esta carta, todo lo aprendido y experimentado a lo largo del viaje se une en una realización cohesiva y completa.

LECTURA DE TAROT DE LOS 7 CHAKRAS

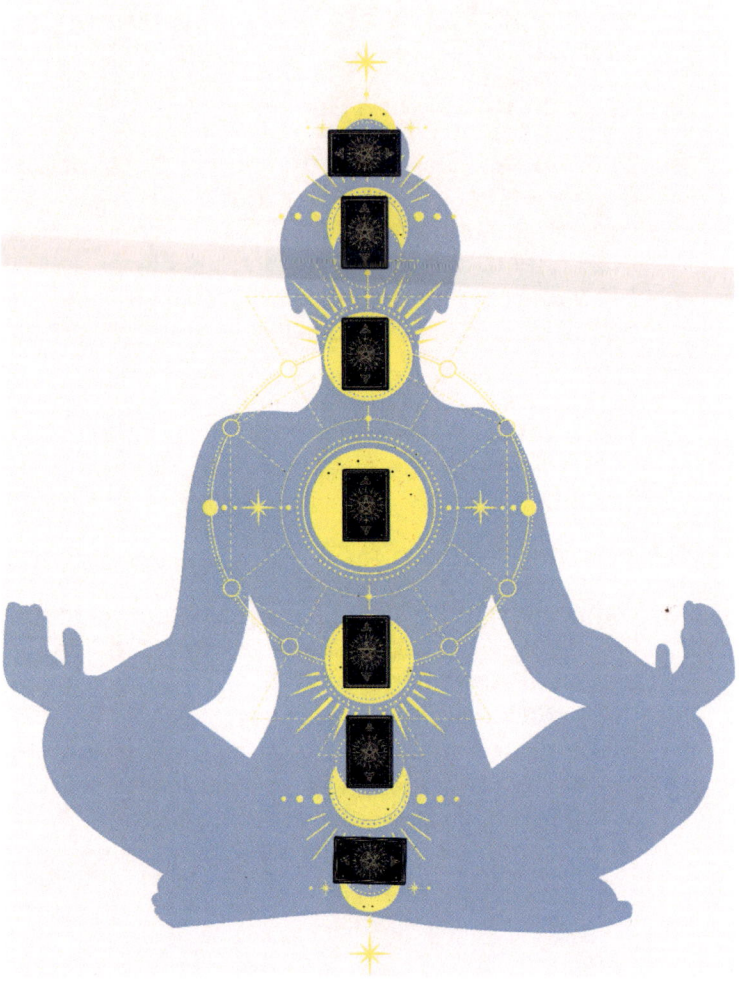

Esta lectura está diseñada para explorar y armonizar las energías de los centros energéticos a través de la herramienta del tarot.

Para realizar esta lectura solo se emplearán los 22 arcanos mayores del tarot.

Se barajarán las 22 cartas y dispondrán en línea recta vertical, de forma ascendente como se muestra en el dibujo anterior. (de abajo hacia arriba).

1) Chakra raíz (Muladhara): representa la base, seguridad y conexión con la tierra.

Pregunta: ¡que necesita ser estabilizado en mi vida para sentirme más seguro y conectado?

2) Chakra sacro (Svadhisthana): Explora la energía creativa, las emociones y la sexualidad.

Pregunta: ¿Cómo puedo nutrir y equilibrar mi creatividad y mis emociones?

3) Chakra del plexo solar (Manipura): Refleja el poder personal, la voluntad y la confianza.

Pregunta: ¿Dónde debo fortalecer mi poder personal y mi autoestima?

4) Chakra del corazón (Anahata): Examina la capacidad de amar, de perdonar y de conectar con los demás.

Pregunta: ¿Cómo puedo abrirme más al amor y la compasión, tanto hacia mí mismo como hacia los demás?

5) Chakra de la garganta (Vishuddha): Relacionado con la comunicación, la expresión y la verdad.

Pregunta: ¿Qué debo expresar con mayor claridad y autenticidad en mi vida?

6) **Chakra del Tercer Ojo (Ajna):** Se enfoca en la intuición, la percepción y la visión interior.

Pregunta: ¿Qué debo reconocer o entender mejor para seguir mi camino con claridad?

7) **Chakra de la Corona (Sahasrara):** Conecta con la espiritualidad, la conciencia superior y la unión con lo divino.

Pregunta: ¿Cómo puedo abrirme más a la espiritualidad y a la conexión con el universo?

Interpretación.

- Bloqueos y desafíos: Identificar las cartas que representan bloqueos en los chakras.

Arcanos que representan bloqueos: El colgado, el diablo, la luna la muerte.

Los arcanos que indican desarmonía son: El loco, la torre, la fuerza y los enamorados.

Los arcanos que indican energía poco fluida: La papisa, el ermitaño.

- Energías armonizadas: Si la carta de un chakra es positiva muestra equilibrio.

Los arcanos que indican que todo fluye adecuadamente son: El mago, la emperatriz, el papa, el carro, la rueda de la fortuna, la templanza, la estrella, el sol, el juicio y el mundo.

Los arcanos neutros son: El emperador y la justicia.

Made in the USA
Las Vegas, NV
04 September 2024

Made in the USA
Las Vegas, NV
04 September 2024

94677573R00090